술잔에 깃든 중국을 만나다

아홉 잔의 중국술 이야기

김민영 | 김아영 | 박경송 | 오현주 | 임대근

임춘영 | 임효섭 | 정윤철 | 정혜진 | 최창익

시사중국어사

이 책이 기획된 것은, 아니 정확하게 말하면 이 책이 잉태된 것은 2017년 봄
이다. 당시 나는 소속대학에서 인문융합 콘텐츠 개발사업의 책임을 맡고 있었는
데, '인문융합'이라는 단어가 주는 생경함 때문인지 개발 사업에 참여하려는 사람
이 생각보다 적었다. 사업을 진행하는 실무자의 곤혹스러워하는 눈빛을 외면하지
못하고 그만 덜컥 내가 하나 개발하겠다고 호기롭게 약속하고 말았다. 늘 그렇듯
원고 제출 기한이 다가오자 후회가 밀려들었다. 준비된 것은 별로 없고 호언장담
은 해 놨고, 발등에 불이 떨어졌으니 어쩔 수 없이 내 특유의 벼락치기 신공을 발
휘해야만 했다. 내가 처음에 즉흥적으로 제출했던 콘텐츠 개발 제목은 '중국술의
인문학'이었다. 술을 꽤 사랑하는 내 기호가 인문학이라는 꽤 멋있는 옷을 걸친
것인데, 막상 원고를 집필하려니 막막하기 그지없었다. 밤잠을 설쳐가며 중국술
에 관한 자료를 수집하고 정리하기 시작했다. 그렇게 만들어진 것이 이 책의 최초
모습이다. 비록 충분한 시간을 갖고 집필하지는 못했지만, 그 과정에서 중국술과
관련된 흥미로운 이야기를 많이 접할 수 있었다. 그때 생각했다. 중국술 자체가
아니라, 중국술을 통해서 중국을 바라볼 수 있는 책을 쓰면 좋겠다고.

중국술을 통해서 중국을 바라보기 위해서는 다양한 관점에서 중국술에 접근
해야 했다. 하지만 내 작은 지식과 경험으로 그러한 관점을 만들어내기에는 역부
족이었다. 개방을 통한 공유가 필요했다. 보잘것없는 원고였지만 평소 지속적으
로 교류해온 학자들과 공유했고 의기투합하기 시작했다. 그때가 2018년 봄이다.
이제야 비로소 책의 기획이 본격적으로 시작되었고 책의 구성 윤곽이 잡히면서
집필자도 늘어 갔다. 굼벵이가 나비로 탈바꿈하는 과정이었다. 이 책의 집필자들
은 학문적 배경이 서로 다르다. 하지만 중국술이라는 하나의 현상Phenomenon에

모여 있다. '일이관지一以貫之'인 셈이다. 숨 가쁘게 돌아가는 세상의 변화에 맞추어 사회에서는 '융합'이라는 단어가 사고와 지식, 능력 등의 범주에서 대세로 자리 잡고 있다. 융합의 실체와 방법론에 대해 나 자신도 아직 명확한 윤곽을 그려내지 못하고 있지만 하나의 사물을 다양한 각도에서 관찰하는 사고와 파편화되고 넘쳐나는 지식을 자기 스스로 재구조화하는 능력 등이 우리가 융합적 학습과 교육을 통해 기대하는 것이라면, 이 책은 이러한 기대에 조금은 기여할 것 같다. 중국술이라는 현상에서 출발하여 다양한 관점에서 중국인과 중국 문화를 살펴볼 수 있기 때문이다.

이 책은 중국술이라는 렌즈로 아홉 가지의 광경을 조망하고 있다. 먼저 '酒'라는 글자를 들여다봄으로써 술에 대한 고대 중국인의 인식을 엿볼 것이다. 중국술은 황주와 백주라는 양대 산맥을 축으로 하여 발전해왔다. 그 발자취를 살펴보는 것은 현재를 이해하는 데 도움이 될 것이다. 술은 한 편의 시다. 조조曹操에게 술은 고뇌이자 자유였고, 이백李白에게 술은 집착과 초월이었다. 중국의 옛 시인에게 술이 무엇인지를 찾아가는 과정은 시인들이 처했던 시대의 아픔을 함께 나누는 시간이 될 것이다.

술은 이야기를 빚어내는 소재이기도 하다. 중국의 대표적인 소설작품과 영화에서 술이 어떻게 이야기를 빚어내는 소재로 쓰이는지를 보자. 그러면 우리네 삶과 비슷한 혹은 다른, 그네들의 삶이 보일 것이다.

중국의 근현대사는 우리만큼이나 굴곡진 길을 걸어왔다. 혁명의 시대에는 위대한 혁명가가 탄생한다. 혁명가들에게 술이 무엇이었을지 궁금했다. 그래서 '거물들의 혁명 동지, 술'이라는 장을 마련했다. 일대기로 정리되기 쉬운 혁명가의 일생에서 잠시 비켜 그들의 삶을 바라보는 시간을 갖고자 하였다. 현대사회에서 술은 거대한 산업이기도 하다. 술은 기호의 대상이므로 술 산업은 사회 구성원의 기호 변화를 반영한다. 중국의 술 산업을 이해함으로써 우리는 바야흐로 지금 중국에서 일어나고 있는 트렌드의 변화를 읽을 수 있다.

나는 공병을 수집한다. 더 정확히는 중국술의 공병을 수집한다. 본래는 중국술을 수집하려 했으나, 술을 좋아하는 천성 때문에 어쩔 수 없이 공병을 수집하게 되었다. 아직 수집한 공병의 양은 미미하다. 새로운 병을 마주칠 때마다 중국술병의 디자인에 감탄하곤 한다. 그저 외식外飾인가, 아니면 중국 고유의 문화인가, 아니면 상품 경쟁력인가. 이런 질문에서 기획된 것이 '술병의 미학'이라는 장이다. 술은 역시 여럿이 어울려 마셔야 제맛이다. 개인적 친분으로나 업무적으로 이러저러하게 중국인과 술자리를 자주 하게 된다. 교제 관계가 더 돈독해지고 성공적인 술자리가 되기 위해서는 응당 서로 지켜야 할 예절을 알아야 하며, 고유의 술자리 문화에 대한 이해가 필요하다. 이것이 이 책의 마지막 내용이다.

이 책이 모양을 갖추어 생명을 갖기까지 참 많은 분의 노고가 있었다. 우선은 중국술에 관한 새로운 가치를 지닌 책을 만들어 보자고 의기투합한 집필자 한 분 한 분께 깊은 감사를 드린다. 당초 생각했던 것보다 훨씬 긴 시간이 걸렸지만 그럼에도 집단지성의 의미와 힘을 몸소 체험하는 과정이었다. 특히 반평생을 몸담았던 대학에서 퇴직하신 후에도 후배들의 작업에 기꺼이 동참하여 내공이 깊은 글을 써주신 임효섭 교수님께 깊은 존경과 감사의 말씀을 드린다. 또 이 책을 기획하고 집필하는 데 길잡이 역할을 해주신 이상도 교수님께도 집필진의 마음을 모아 감사의 말씀을 드린다.

이 책의 취지에 공감하고 지원을 아끼지 않은 시사북스에 큰 빚을 졌다. 특히 늘 상상을 뛰어넘는 편집 능력과 번뜩이는 아이디어로 환골탈태가 무엇인지를 깨닫게 해준 시사북스 중국어 편집부에는 두고두고 빚을 갚아야 할듯하다.

무엇보다, 아직 여러모로 부족한 책이지만 아홉 잔의 술로 중국을 만날 독자 여러분 한 분 한 분께 깊은 감사의 마음을 담아 술 한 잔을 권합니다.

2020년 6월
집필진을 대표하여 정윤철 씀

‖ 목 차 ‖

일러두기

- 본문의 중국어는 번체자(우리나라에서 사용하는 한자) 표기를 원칙으로 하였습니다. 단, 현대중국어 회화 문장 등은 간체자로 표기하였습니다.
- 중국 고유 인명과 지명 등은 신해혁명(1911년)을 기점으로 이전은 한자음으로 표기하고 이후는 현지음으로 표기하는 것을 우선하였으며, 예외로 성급 지명은 모두 현지음으로 표기하고, 일부는 한국에서 더 익숙하고 광범위하게 통용되는 것으로 표기하였습니다.
- 현지음 표기는 국립국어원에서 정한 외래어 표기법과 국내 주요 언론에서 사용한 표기법을 참고하였습니다.
- 본문에 사용한 사진 혹은 이미지는 가독성을 고려하여 저작권 표기를 하지 않았습니다. 사진과 이미지 자료는 집필진과 관련 유·무료 사이트에서 제공되었습니다.

첫 번째 술잔

'酒', 그리고 이웃사촌들

고대 중국인은 자연의 모습을 문자화하였고 보이지 않는 추상적 개념 또한 문자로 형상화하였다. 문자로 형상화하는 과정에는 인간의 사유방식이 개입된다. 특히 한자와 같은 표의表意문자인 경우 인간의 사유방식이 어떻게 개입해 문자로 형상화되었는지 살펴보기가 쉽다. 한자의 형상화·기호화 과정은 오랜 시간 축적되어왔기에 우리는 한자에서 중국인의 오랜 역사와 관습, 사유방식을 엿볼 수 있다. 이 책의 첫 장을 한자 '酒술 주'로 시작하는 이유다.

'酒'를 찾아서

 '酒'자는 어떤 모습을 본떴을까?

고대 한자에서 술을 뜻하는 '酒술 주'자는 원래 삼수변 'ᵎ 水, 물 수'가 없는 '酉술 유, 술을 담는 그릇 유'자였다.

고대에 기록된 '酉'자 모습을 보면, 마치 밑이 뾰족한 항아리의 모양과 같다. 당시 술은 항아리에서 발효했는데, 밑동이 뾰족해야 발효에서 생기는 침전물을 모으기 편리했다. 또 항아리를 땅에 박아 넘어지지 않게 하

첫 번째 출간

려면 밑동이 뾰족해야 했다. 그래서 고대 중국인은 술을 발효하는 도구인 항아리 형상으로 술을 표현했다. 이후 술을 나타내는 글자는 다음과 같이 다소 변화되는 모습을 보인다.

이 두 글자 역시 위쪽은 넓고 아래쪽이 좁은 술항아리 모양을 하고 있다. 다른 점은 술항아리 옆에 선이 세 개 추가되었는데, 술항아리에서 술이 흘러나오는 모습을 나타내는 것이다. 좀 더 이후의 글자들은 술이 흘러나오는 모습이 3개 또는 5개의 선형 구조를 이루면서 술병 왼쪽에 위치하는 경향을 띤다. 술을 나타내는 글자는 구체적인 형상에서 점차 추상화되기 시작한다.

이제 술병 모양은 그림의 성격을 잃고 점차 '酉'자로 추상화되고, 술병에서 흘러내리는 모습의 선형 그림도 추상성을 확보하면서 점차 부호화한다. 후에 '酉'자는 십이지十二支의 하나로 사용되었고 술이 액체라는 점에 착안하여 '酉'자 좌변에 'ㅜ'를 더해서 지금 우리가 아는 '酒'자로 자리 잡게 되었다. '酒'자에서 'ㅜ'는 액체라는 개념의 부류를 나타내는 요소로 쓰이며, '酉'는 글자의 소리를 나타내는 요소로 쓰인다.

고대 중국인에게 술은 무엇이었을까?

고대 중국인에게 술의 중요한 기능은 '제사'에 쓰이는 것이었다.

중국 고대 경전인 《상서尙書》에는 "술은 제사 때만 마실 수 있다飮惟祀"라는 말이 있는데 이는 술의 최초 기능을 보여준다. 중국 역사서 《사기史記》에 따르면 고대에 사람들은 천지天地, 산천山川, 여러 신神에게 제사를 지냈으며 제사에는 반드시 술을 사용하였다. 그 이유는 '술이 곡식을 몸으로 삼고 맑은 물을 정신으로 하여 자연의 보살핌 속에 탄생'한다고 여겼기 때문이다. 고대인은 이렇게 만들어진 향기로운 술을 신이 다른 음식보다 더 좋아할 것이라고 생각했다. 중국 고대 시가집 《시경詩經》에도 곡식을 수확하여 술을 빚어 제사를 지내면서 건강과 장수, 복을 기원하는 내용이 여러 시에 등장한다.

한漢대에 편찬된 중국 최초의 자전字典 《설문해자說文解字》에는 술을 뜻하는 글자인 '酉'자가 들어간 한자가 총 73개 있다. '酉'자가 부수로 쓰인 글자들은 기본적으로 술과 관련이 있는데, 이 글자들의 의미를 살펴보면 고대 중국인이 술을 어떻게 생각했는지 엿볼 수 있다. 《설문해자》의 '酉'부 글자 중 제사에서 술의 역할과 관련 있는 대표 글자는 '莤술 거를 숙'과 '酹부을 뇌'이다. '莤숙'은 제사 때 짚묶음 등에 술을 걸러서 신에게 올렸던 의식을 나타내는 글자이며, '酹뇌'는 제단에 술을 뿌리는 행위를 나타내는 글자다. 이 두 글자는 모두 술로 신에게 예를 다하는 행위와 관련이 있는데, 술이 신에게 제사를 올릴 때 없어서는 안 될 중요한 대상임을 보여준다.

제사는 고대사회에서 공동체의 신성한 행사였으며 사회공동체를 이끌어 가는 집정자에게는 정치의 또 다른 형식이기도 했다. 제사에서 술은 필수 불가결한 매개체로써 중요한 역할을 했으므로 술을 만들고 관리하는 것 또한 국가의 중요한 일이기도 했다. 기록에 따르면, 주周나라에는 술을 전문적으로 관리하는 '주정酒正'이라는 관직이 있었다고 한다. 주정은 술의 제조, 용도, 분류 등의 제반 사항을 전담하여 관리하였으며 제사를 지낼 때 술을 사용하는 예식도 관장하였다. 또 실무를 담당하는 '주인酒人'이라는 직도 있었는데, 주인은 매일 사용한 술의 양을 기록하여 10일마다 주정酒正에게 보고하였다고 한다. 이로 볼 때, 고대사회에서 술은 국가 통치의 중요한 수단 중 하나였던 제사의 핵심 구성요소였음을 알 수 있다.

고대 중국에서 술의 또 다른 중요한 기능은 '예법'이었다.

중국 고대의 예법에 대해 집대성한 《의례儀禮》에는 예법이 17가지 소개되어 있는데 대부분 예법에 술이 등장한다. '술이 없으면 예가 성립되지 않는다'는 말처럼 고대 중국사회에서 술은 예법을 완성하는 역할을 했다.

《설문해자》에는 사회적 예법과 관련된 여러 글자가 수록되어 있다. '醮초는 관례와 혼례의 예이다醮, 冠娶禮'라고 설명했는데 고대 중국에서 관례나 혼례를 치를 때 반드시 예식의 하나로 제사를 지내고 술을 받아 마셨다. 《진서晉書》〈예표하禮表下〉에도 "옛날에 혼례와 관례가 있으면 늘 술을 받아 마시는 예식이 있었다古者婚冠皆有醮"라고 기록되어 있다. 즉 고대의 관례와 혼례에서도 술은 예식의 빠질 수 없는 중요한 내용이었다.

술은 고대에 잔치문화와도 밀접한 관련이 있었다. 《설문해자》에서 잔치문화와 관련된 대표적 글자로는 '酌작', '醻수', '醋초' 등이 있다.

'酌작'은 '觶치'라는 술잔에 술을 따라 손님에게 권하는 것을 말하는데 우리가 자주 사용하는 '대작對酌', '자작自酌', '짐작斟酌' 등의 표현에 이 글자가 사용된다.

치觶

'醻수'는 주인이 손님에게 받고 나서 다시 손님에게 술을 따른다는 의미다. 여기서 '보답하다'라는 의미가 파생되었다. 현재는 '酬'자를 사용하는데 '보수報酬', '수작酬酢'[1] 등의 표현에서 사용된다.

'醋초'는 손님이 주인에게 술을 올린다는 의미다. 즉 손님이 주인에게서 술을 받은 후 다시 주인에게 술을 따르는 예절을 말한다. 《강희자전康熙字典》에 "'醋'는 보답하는 것이다. 손님에게 술을 올리는 것을 '獻헌'이라 하고, 손님이 주인에게 답주를 올리는 것을 '醋'라 하며, 주인이 답주를 받고 다시 손님에게 술을 올리는 것을 '酬'라고 한다"[2]라고 기록되어 있다. 현대 중국어에서 '醋'는 '식초'를 의미하거나 의미가 파생되어 '질투하다'라는 뜻으로 쓰이는데, '醋'의 본뜻과 많이 달라졌음을 알 수 있다.

고대 중국에서 술의 중요한 기능 중 하나는 약제로서 역할이다.

중국의 고대 도가와 의술가는 술을 '오곡의 정수'라고 했다. 술을 음식 중에서 가장 좋은 것으로 생각한 것이다. 양생학의 각도에서 볼 때 적당량의 음주는 건강을 돕는 역할을 한다. 고대에 술은 건강을 돕는 역할뿐 아니라 의술이나 병의 치료에도 광범위하게 사용되었다. 《설문해자》에 술의 이러한 기능을 나타내는 글자가 있는데 바로 '醫의'자다. "'醫'는 병을 치료하는 기술을 말한다. 사람이 아프면 술로 그를 치료한다"라는 말에서 볼 때 고대에는 술이 병의 치료제로 사용되었음을 알 수 있다.

《한서漢書》〈식화지하食貨志下〉에는 "술은 백약 중 으뜸이다酒, 百藥之長"라는 말이 있으며, 《신농본초경神農本草經》에도 술을 사용해 약을 조제했

---

1 '수작(酬酢)'은 본래 '술잔을 서로 주고받는다'라는 의미이며, 후에 '서로 말을 주고받다', '남의 하찮은 말이나 행동'으로 의미가 파생되었다.
2 報也, 進酒於客曰獻; 客答主人曰醋。

첫 번째 술잔

음을 나타내는 기록이 있다. 《본초강목本草綱目》에는 70여 종의 약주를 소개했다. 이러한 기록은 술이 오랫동안 병 치료제로 사용되었음을 나타내며, '醫의'자에 왜 술을 나타내는 '酉'자가 들어 있는지 설명해주는 것이기도 하다.

《설문해자》의 '酉'부 글자로 볼 때, 고대 중국인에게 술은 신에게 올리는 인간의 정성이었고, 병을 치료하는 약제였으며, 관례나 혼례·잔치 등 사회적 공동체 활동에서 매우 중요한 매개물이었다.

ㄹ
한자로 보는 술의 이웃사촌

앞에서 살펴본 대로 본래 술과 관계가 있는 글자에는 모두 '酉'자가 들어 있다. 이들 중 어떤 글자는 여전히 술과 관련된 의미가 있기도 하고 어떤 글자는 본래 의미는 사라지고 새로운 의미로 파생되어 쓰이기도 한다.

먼저 살펴볼 술의 이웃사촌은 '醉취', '醒성', '酩명'이다. 술은 마시면 취하고 취하면 깨게 마련이다. 이 세 글자는 모두 이러한 의미와 관련 있다.

醉취

'醉'는 '酉'와 '卒졸' 두 한자가 합쳐져 만들어진 한자이다. '酉'는 '술'을 뜻하며 '卒'은 '끝', '극단'의 의미가 있다. '醉'는 이 두 의미가 합쳐져 '술을 과하게 마셔 정상적인 정신 상태를 잃다'라는 의미를 나타낸다. 이후 '醉'의 의미는 술과 상관없이 정상적인 정신 상태에서 벗어나는 경우로 파생되어 쓰이게 되었다.

- 도취陶醉: 어떤 것을 지나치게 탐닉하다
- 심취心醉: 어떤 일에 깊이 빠져 마음을 빼앗기다
- 마취痲醉: 독물·약물을 사용해 일시적으로 마비시키다

醒성

'醒'은 '酉'와 '星성'이 합쳐져 만들어진 한자이다. '星'은 '醒'의 소리 요소 역할을 하며 '별이 떠 있는 밤 시간'을 의미한다. 여기에 '酉'가 더해진 '醒'은 '별이 떠 있는 어두운 밤을 지나 해가 뜨는 새벽이 오는 과정'처럼 '술에 취한 상태에서 정신을 차리게 되는 상태로 가는 과도기적 단계', 즉 '술이 깨는 과정'의 의미를 지닌다. 이후 '醒'의 의미는 '수면·마취·혼미한 상태 등에서 정신이 들다'라는 넓은 의미로 확장되었다.

- 각성覺醒: 눈을 떠서 정신을 차리다, 사람의 주의를 환기시키다, 자기 잘못을 깨닫다

酩명

'酩'은 '酉'와 '夕석', '口구' 세 개가 합쳐져 만들어진 한자이다. '名'은 '해가 질 무렵'이라는 '夕'과 '사람의 입'을 뜻하는 '口' 두 글자가 합쳐져 만들어졌는데, '해가 질 무렵 농부들이 농사일을 끝내고 한데 모여 한담하다'라는 의미이다. '名'이 '酉'와 결합하여 '많은 사람의 입에 오르내리는 술', 즉 '좋은 술'이라는 의미가 되었고, 좋은 술은 많이 마시게 되므로 '술에 취하다'라는 의미로 파생되었다. 중국의 백주 브랜드 중에는 좋은 술이라는 의미로 '酩'자를 사용한 것도 있다.

두 번째로 살펴볼 술의 이웃사촌은 '酵효'와 '醬장'이다.

알코올 발효는 자연계에서는 가장 보편적인 당분 분해과정이므로 인간

의 개입이 필요하지 않다. 아마 인간은 처음에 자연적으로 발효된 술을 우연히 접했을 것이며, 이후 발효의 원리를 깨닫고 발효주를 만들었을 것이다. 즉 술과 발효는 매우 밀접한 상관성을 지닐 수밖에 없다. 이러한 상관성으로 '酉'자는 술뿐 아니라 발효와 관련된 한자에도 쓰인다.

酵효

'酵'는 '酉'와 '孝효'가 결합해 만들어진 한자이다. '孝'는 '酵'의 소리 요소 역할을 한다. '酵'는 본래 '주효酒酵', 즉 술을 빚을 때 발효가 되는 주원료인 술밑을 가리킨다. 이후 '효모酵母'를 사용한 발효법은 면을 만들거나 장을 담그는 데도 활용되었다.

- 발효醱酵: 효모, 박테리아와 같은 미생물에 의해서 유기화합물이 분해, 산화, 환원하여 주정류, 유기산류, 탄산가스 등을 생기게 하는 작용으로 술, 간장, 초, 된장 등의 제조에 이용한다.

醬장

'醬'은 크게 세 부분으로 나누어볼 수 있다. 우선 윗부분 왼쪽의 '爿장'은 소리 요소 역할을 한다. 윗부분 오른쪽의 글자는 고기를 뜻하는 '肉육'을 나타내며, 아래쪽 '酉'는 술을 의미한다. 그래서 '醬'은 '육장肉醬'을 의미하는 말로 술이나 식초를 사용해 고기를 염장하던 방식을 가리키며, 고대에는 육장을 만들 때 술을 넣어서 발효시켰음을 알 수 있다. 《설문해자》에서 '장은 해이다醬, 醢也'라고 하였는데 여기서 '醢'[3]도 같은 의미의 글자이며, 바로 뒤이어 '술을 육장에 더했다'는 말이 나온다. 이후 '醬'은 생선이나 콩, 밀가루, 과일 등의 재료를 사용하면서 다양하게 변화했다.

---

3 '醢(해)'는 생선에 소금 약간과 쌀밥을 섞어 숙성시킨 식해(食醢)와 같은 식품 용어에 사용된다.

첫 번째 출간

- 자장면炸醬麵: '기름에 튀기다'라는 의미인 작炸의 중국어 독음인 '자[zhá]'를 취해서 '자장면'으로 불린다.
- 오향장육五香醬肉: 중국요리의 하나. 회향, 계피, 산초, 정향, 진피 다섯 가지로 향을 낸 간장에 돼지고기를 조린 후 얇게 잘라 낸다.

세 번째로 살펴볼 술의 이웃사촌은 '酋추'와 '爵작'이다.

술은 고대사회의 제사와 의식에서 매우 중요한 수단이었던 만큼 사회적 계급에 따라 아무나 술을 관리할 수 없었으며 아무나 마실 수도 없었다.

酋추

'酋'는 '酉'자 위에 '八팔'자가 붙어 있는 모양으로 원래 술덧발효물의 맑은 윗부분을 뜻하는데, 나중에 술 만드는 사람을 '酋'라 불렀다. 부족에서 가장 높은 사람은 신에게 제사 지내는 일을 하는데 제사를 지내려면 술을 만들어야 했다. 그래서 부족의 장, 즉 술 만드는 장을 '추장酋長'이라고 부르게 된 것이다.

爵작

벼슬 중에는 공작公爵, 백작伯爵, 자작子爵 등이 있는데 그 유래는 다음과 같다. 중국의 주周나라 때 궁에는 조상의 제사를 지내는 묘廟가 있었다. 제사를 올릴 때 술을 '작爵'이라는 그릇에 따라서 바쳤다. '爵'은 작고 긴 몸통에 다리가 세 개 달려 있다. 입 부분은 양쪽으로 길게 펼쳐져 있고 작은 기둥이 두

작爵

개 있다. 종묘에 참례한 신하들은 작에 담긴 술을 마셨기 때문에 그 후 벼슬을 나타낼 때 작爵이 쓰였다.

　　• 오등작五等爵: 작위爵位. 공작公爵, 후작侯爵, 백작伯爵, 자작子爵, 남
　　　작男爵 다섯 등급으로 나눈다.

尊존

'尊'은 '酋'와 '寸촌'이 합쳐져 만들어졌다. 고대 갑골문에 쓰인 글자체를 보면 두 손으로 술잔을 받치고 있는 모습으로 고대에 '尊'은 술을 담는 큰 술잔이었다. 상商나라와 주周나라에서는 귀족이 제사를 올리거나 손님을 접대할 때 '尊'을 사용했다. 귀한 술잔으로 여겼으므로 제사나 중요한 손님을 접대하는 자리가 아닌 경우에는 사용하지 않았다. 기

존尊

록에 따르면, 제사를 지내거나 손님을 접대할 때 주인이 먼저 술을 '尊'에 따르고, 다시 국자로 '爵'과 같은 술잔에 따라 마셨다고 한다. '尊'에 직접 입을 대고 술을 마시지는 않았다. '尊'은 귀족들만이 특정한 장소에서 사용했기 때문에 권위의 상징이 되었고 여기에서 존귀하고 고귀하다는 의미가 파생되었다.

　술의 이웃사촌이 되는 이 글자들은 처음 만들어졌을 때 다양한 측면에서 술과 연관성이 있었다. 시간이 흘러 여러 의미로 파생되면서 어떤 글자는 술과 관련성을 찾기 어렵게 되었다. 하지만 자신의 태생을 증명하듯 글자에는 어김없이 '酉'자가 자리 잡고 있다. 한자의 특징 중 하나는 그 글자의 최초 의미를 시각적으로 보여준다는 점이다. 그러므로 한자의 구성을 세심히 들여다보면 고대 중국사회의 일면을 엿볼 수 있다.

첫 번째 술잔

3

'빼갈'의 다양한 명칭

우리에게 대표적인 중국술은 '빼갈'이다. '빼갈'은 도수가 높은 증류주를 가리킨다. 물론 중국술은 증류주 외에도 발효주나 약주 등 다양하지만 우리가 비교적 많이 접해 본 '빼갈'이 가장 친숙할 수밖에 없다. 우리가 '빼갈'이라고 부르는 중국 증류주에는 몇 가지 명칭이 있다.

증류주蒸溜酒

증류주는 양조주醸造酒 혹은 발효주와 상대되는 개념으로, 증류 방식으로 만들어진 술을 통틀어 일컫는 명칭이다. 발효 과정을 거쳐 만든 양조주에서 알코올을 분리해 만든 고농도 알코올을 함유한 술을 말한다. 보통 세계 6대 증류주로 브랜디Brandy, 위스키Whisky, 보드카Vodka, 진Gin, 럼Rum 그리고 중국의 백주Liquor and Spirits를 꼽는다. 우리나라 전통주인 안동소주도 증류주의 하나이다.

소주燒酒

소주는 중국 증류주의 옛 명칭으로 당대唐代 문헌에 처음 등장한다. 당대唐代 시인인 백거이白居易의 〈여지루대주荔枝樓對酒〉라는 시에 "여지 열매가 처음 익으면 닭벼슬 색을 띠고, 소주를 처음 열면 호박향이 난다荔枝新熟鷄冠色, 燒酒初開琥珀香"라는 구절이 있으며, 옹도雍陶의 〈도촉후기도중경력到蜀後記途中經曆〉에는 "성도에 당도하여 소주가 익어가니 장안인들 가고 싶겠는가自到成都燒酒熟, 不思身更入長安"라는 구절이 있다. 여기서 말하는 '소주燒酒'는 모두 증류주로 추측되는데, '燒'는 물건을 불에 태운다는 의미이므로 '燒酒'는 불을 피워 술을 증류하는 모습을 묘사한 것이리라. 우리나라의 증류주를 '소주'라고 하는데, 역시 한자로는 '燒酒'이다.4 이는 아마도 우리나라의 증류 기술이 중국을 거쳐 유입되면서 그 명칭도 함께 가져온 것으로 보인다. 중국에서는 근현대로 오면서 '백주白酒' 등의 명칭으로 대체되었으나 우리나라에서는 지금까지 '소주'라는 이름을 그대로 사용하고 있다.

백주白酒

'백주'는 중국 특유의 증류주를 지칭한다. '백白'은 액체가 아무런 색을 띠지 않고 투명함을 의미한다. 중화인민공화국이 들어선 후 이전에 사용되던 '소주', '고량주' 등의 명칭이 모두 '백주'로 대체되었고, 중국국가표준에 따르면 증류주는 백주와 기타 증류주로 나뉜다. 백주는 곡물을 주원료

---

4 우리나라 전통주인 '안동소주'의 경우 '安東燒酎'로 표기한다. 또한 우리가 흔히 마시는 희석식 소주도 지금은 상표에 한자 표기를 하지 않지만 예전에는 '燒酎'라고 표기했다. '酎(주)'는 본래 세 번 발효한 술을 가리킨다. 증류주는 세 번 발효하는 술이 아니므로 '酎'자를 쓰는 것은 어색하다.

로 하고 대곡大曲이나 소곡小曲, 부곡麩曲5 및 효모를 당화 발효제로 하여 가열, 당화, 발효, 증류, 배합 과정을 거쳐 만들어진 증류주로 정의한다. 기타 증류주는 곡물이나 감자류, 포도 등의 과일을 발효하여 증류한 술을 말하는데 위스키, 브랜디, 보드카 등이 여기에 해당한다.

백간白干(兒)

중국어 발음을 모방해 우리가 '빼갈'이라고 부르는 바로 그 명칭이다. 백주의 일종으로 '간干'은 마를 '간乾'의 간체자를 써서 수분이 없거나 매우 적은 상태를 나타낸다. 여기서는 술을 증류한 후 수분이 남아 있지 않음을 표현한다. 그만큼 도수가 높다는 의미다. 추운 지방에서 즐겨 마시며 알코올 도수가 50~60도에 달한다.

고량주高粱酒

백주의 일종으로 수수를 주원료로 하여 증류한 술을 말한다. 수수를 중국어로 '고량高粱'이라고 한다. 수수를 원료로 한 고량주가 탄생하게 된 데는 역사적 배경이 있다. 청淸대 초기에 황하黃河의 치수 공사를 벌였는데 이를 위해서는 짚이 대량 필요했다. 이에 따라 수수 재배 면적이 늘어나게 되었다. 수수는 곡물로 먹을 때는 식감이 그리 좋지 않지만 증류한 술은 다른 곡물로 빚은 것보다 품질이 훨씬 뛰어나고 도수도 높았다. 따라서 자연스레 수수를 가장 효과적으로 소비하는 방법으로 술을 제조하게 된 것이다.

---

5 '곡(曲)'은 누룩을 말한다. '대곡(大曲)'은 밀이나 보리, 완두를 원료로 한 누룩인데 보통 우리나라의 메주처럼 만들어 균을 배양한다. '소곡(小曲)'은 쌀가루나 쌀겨를 원료로 한 누룩으로 누룩의 입자가 대곡에 비해 작다. '부곡(麩曲)'은 밀기울을 원료로 하여 만든 누룩을 말한다.

알아두면 쓸데 있는 성어

■ 청매자주 靑梅煮酒

'청매실을 곁들여 술을 데워 마시다'라는 뜻의 성어 '청매자주靑梅煮酒'는 조조와 유비가 술을 마시며 영웅을 논하는 '자주영웅론煮酒英雄論' 고사에 등장하는 말로, 영악한 조조와 능청스러운 유비의 모습을 엿볼 수 있다.

조조 진영에서 잠시 거하고 있던 유비에게 조조는 청매실과 함께 따끈하게 덥힌 술을 대접하며 술잔을 들어 물었다. "지금 천하에 영웅이라고 할 만한 사람이 누가 있겠습니까?" 조조의 의중을 잘 아는 유비는 이리저리 대답을 회피하며 잘 모르겠다고 말했고, 조조는 "지금 천하에 영웅은 사군과 이 조조뿐이지요"라고 거침없이 말했다. 때마침 갑자기 돌풍이 불고 하늘에서 천둥번개가 치자 유비는 몸을 한껏 움츠리며 벌벌 떨었고, 기껏 천둥소리에 잔뜩 겁에 질린 유비의 모습을 보며 조조는 속으로 그를 가소롭게 여겼다. 유비는 정말로 천둥소리에 겁에 질렸을까. 조조의 속내를 알고 능구렁이 담 넘어가듯이 조조의 견제와 감시에서 벗어나고 싶었던 유비에게 때마침 천둥소리는 상황을 모면하는 좋은 핑계가 됐을 것이다.

《삼국지》 중 조조와 유비가 술을 마시며 영웅을 논하는 장면

어쨌거나 청매실은 연례행사에 자주 사용되는 술안주였고, 따뜻하게 '데운 술'은 손님에 대한 정성과 예의를 나타낸다. 지금도 자주영웅론을 떠올리게 하는 청매자주를 이름으로 붙인 술을 심심찮게 볼 수 있다.

첫 번째 출판

두 번째 술잔

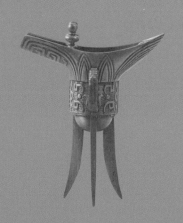

황주와 백주의 발자취

중국의 대표적인 술은 황주黃酒와 백주白酒이다. 황주는 미주米酒라고도 불린다. 곡물을 이용하여 빚은 전통 발효주로 주정 함량은 15% 정도이며 중국인이 고대부터 즐겨 마셨다. 이에 비해 백주는 고농도의 술로 일정한 증류 과정을 거쳐 만드는 증류주이다. 오늘날 중국술이라고 하면 대다수 사람은 백주를 떠올리지만 역사적 측면에서 보면 황주가 오랜 시간 중국의 대표 술로 자리매김해왔다. 황주와 백주가 걸어온 발자취를 더듬으며 중국술의 종적 흐름을 이해해보자.

I
중국술의 기원설

중국술의 역사는 중국의 역사만큼이나 오래되었다. 고대 양사오문화1 유적에서는 술그릇으로 추정되는 기물이 발굴되었고, 다윈커우문화2 유적지에서도 원시 상형문자가 새겨진 술그릇 '존尊'이 출토되었다. 고대문자인 갑골문에는 술과 관련된 글자가 여러 개 보인다. 이는 수천 년 전 고대 중국인이 이미 술을 만들어 마셨음을 보여주는 것들이다. 최초의 술은 당분이 있는 과일이 발효되면서 자연 발생되었을 것이다. 그리고 이를 우연히

---

1 기원전 5000~기원전 3000년 무렵까지 황허 중류 지역에서 존속했던 신석기시대 문화이다. 1921년에 허난(河南)성 싼먼샤(三門峽)시 미엔츠(澠池)현 양사오(仰韶)진에서 유적이 처음으로 발견되었다. 이 시기에는 농업이 비교적 발달하여 조와 기장을 재배하였고 수렵, 어로, 채집에 종사했다. 발굴된 토기는 주로 주발, 잔, 항아리, 독 등이며, 무늬가 그려진 채도가 특징이다.

2 기원전 3500~기원전 2240년에 황허 하류 지역인 산둥(山東)과 장쑤(江蘇) 북부지역에 분포한 신석기 후기 문화이다. 1950년 산둥 타이안(泰安)의 다윈커우(大汶口)에서 유적이 처음 발견되었다. 농업과 목축이 발달하였으며, 정교한 석기를 만들어 사용했다.

두 번째 출산

맛본 인류가 하나의 인위적 공정을 생각해내서 드디어 오랜 시간 인류와 함께할 벗을 발명했을 것이다. 고대 중국인은 술의 기원에 대해 다른 여러 가지 흥미로운 상상을 했는데, 중국술의 역사를 이해하는 데 유익한 출발점이 될 것이다.

'하늘의 별'이 술을 만들다

중국 고대인은 술을 하늘의 주성酒星이 만든 걸작이라고 여겼다. 《진서晉書》에 따르면 주성은 헌원북두칠성 북쪽에 있는 17개 성좌의 오른쪽 모서리 남쪽에 있는 별 세 개를 가리킨다. 이 세 별은 술을 관장하는 신의 깃발이기도 하며, 연회와 음식을 주관했다고 적혀 있다. 이러한 상상력은 아마도 자연 발효한 술을 우연히 발견한 고대인이 당시에 갖고 있던 세계관——천상의 별이 지상의 모든 사물과 행위를 주재한다——에서 비롯되어 이것이 술의 기원설로 전해 내려왔을 것이다. 하늘의 별이 술을 만들었고, 그 술을 하늘이 내린 녹봉이라고 기록했을 정도니 고대사회에서 술이 얼마나 귀중했고, 얼마나 신성했는지 알 수 있는 대목이기도 하다.

'원숭이'가 술을 만들다

중국 고서에는 원숭이가 술을 좋아할 뿐만 아니라 심지어 처음 술을 만들었다는 기록이 있다. 명나라 문인 주단광周旦光의 《봉롱야화蓬攏夜話》에는 다음과 같은 이야기가 실려 있다.

> "황산에 원숭이들이 많았는데, 이들은 봄여름에 꽃과 과실을 따서 돌구덩이에 담아 술을 만들었다. 향기가 넘쳐나서 먼 곳에서도 향을 맡을 수 있었다. 깊은 숲으로 땔감을 구하러 간 나무꾼이 이 술을 몰래 훔쳐 마셨는데, 원숭이에게 들켜서 화를 당했다."

이 이야기는 사실 우화에 가깝지만 몇 가지 사실적인 가능성을 유추할 수 있다. 원숭이들은 식량을 한데 모아두는 습성이 있고, 이렇게 모아둔 과일 등은 어쩌다 자연 발효가 되었을 것이다. 그리고 이것을 사람과 동물이 마시게 된 데서 술이라는 것이 비롯됐을 것이다. 꽤 그럴듯한 기원설이다. 이를 근거로 과일 발효주가 최초의 술이라는 견해도 있다.

또 원숭이와 관련한 술 이야기로 당나라 이조李肇의 《국사보國史補》를 보면, 원숭이는 아주 영민한 동물로 깊은 숲속에 살면서 험준한 곳까지 돌아다녔다고 한다. 그래서 사람들이 쉽게 잡을 수 없었는데, 원숭이를 유인하기 위해 출몰지에 술을 가져다놓아 원숭이가 그 술을 마시고 취하게 하여 잡았다는 기록도 있다.

'의적'이 술을 만들다

기원전 2세기경에 편찬된 《여씨춘추呂氏春秋》에는 '의적儀狄이 술을 빚었다'는 기록이 있다. 서한西漢 유향劉向의 《전국책戰國策》〈위책魏策〉에는 "옛적에 임금의 딸이 의적에게 술을 빚게 했더니 맛이 좋았다. 이에 그녀는 우禹왕에게 그 술을 진상했고, 술을 맛본 우왕도 감탄하였으나 '훗날 반드시 이것으로 나라를 망치는 이가 있을 것이다'라고 말하고는 술을 가까이하지 않았다"라는 기록이 있다.

전해오는 설에 따르면 의적은 하夏나라 때 술 만드는 일을 담당했던 관리였다고 한다. 의적은 아마 자연 발효 단계의 술을 일정한 공정을 거쳐 만드는 시도를 했을 것이다. 《여씨춘추》나 《전국책》 등 역사서에 '의적'이라는 이름이 등장하고 그가 술을 빚었다는 기록을 따라 '의적'이 술의 창시자라는 전설의 인물이 된 것으로 보인다.

두 번째 술잔

'두강'이 술을 만들다

두강杜康은 하나라 6대 왕 소강少康의 별칭으로 여러 고대 문헌에서 그가 최초로 술을 빚었다고 기록하고 있다. 이에 후인들이 두강을 술을 발명한 주신酒神으로 떠받들면서 술의 대명사로 삼았다. 조조曹操의 〈단가행短歌行〉에는 '무엇으로 근심을 풀까, 오직 두강뿐일세'라는 명구가 있는데, '두강'은 바로 술을 가리킨다.

주굉朱肱의 《주경酒經》에는 "의적이 '료醪'를 빚고, 두강이 '출秫'을 빚었다"라는 구절이 있는데, '료'는 찹쌀을 발효시켜 만든 탁한 술이고, '출'은 수수로 빚은 맑은 술을 말한다. 두강 역시 의적처럼 술 양조를 담당했던 관리였다고 전해지기도 하는데, 고대 문헌에서 술의 창시자로 이름이 기록되면서 중국술의 대명사가 되는 영예를 차지하였다.

술의 기원에 대한 합리적 추론은 이럴 것이다. 발효될 수 있는 당분을 포함한 과일이나 곡물이 우연히 일정한 자연 조건에 부합하여 자연 발효되었고, 이를 맛보게 된 고대인이 인간 특유의 '사고' 과정을 거쳐 최초로 인공적 발효주를 만들었을 것이다. 이후 이러한 발효법은 점차 널리 퍼졌을 것이다. 여러 고대 유물과 기록으로 볼 때, 중국에서는 적어도 하나라 시기에 이미 발효주 제조법이 널리 퍼져 있었을 것이다.

문명의 역사가 오래된 곳에는 저마다 술의 신이 있다. 이집트의 오시리스, 그리스의 디오니소스 또는 바쿠스, 인도의 소마, 그리고 중국의 주성 등이다. 마시면 마실수록 정신이 요상해지는 이 신비한 액체를 평범한 인간이 만들었다고 말하는 것보다 위대한 인물이나 신이 만들었다고 믿는 편이 더 인상적이지 않을까.

2
황주와 백주의 역사

1 | 황주

황주黃酒는 중국의 전통 발효주이다. 고대 중국인들은 채집한 식물을 저장하는 과정에서 자연적으로 생성된 담백한 술인 단술을 얻게 되었다. 5,000여 년 전 농경사회로 접어들면서 사람들이 정착하게 되었고, 농작물을 이용하는 곡물주가 만들어졌다. 황주의 원료는 곡물, 누룩, 물이다. 곡물로는 주로 쌀과 조粟를 사용했는데, 북방에서는 주로 조를 사용하고, 남방에서는 주로 쌀을 사용했다. 황주는 도수가 낮은 술로 물이 황주의 80%를 차지한다. 그만큼 수질이 술의 품질과 풍미를 좌우한다. 누룩으로 만들어 술 빛깔이 황색으로 윤기가 있으며, 맛이 감미롭고 순하다.

🫖 황주, 역사를 시작하다

기원전 2000년 하왕조를 거쳐 기원전 200년 진秦왕조에 이르는 1,800년간은 중국 전통술의 성장기라고 할 수 있다. 이 시기는 불을 사용하고 오곡을 심고 가축을 기르며 농경 위주의 생활을 하였다. 주조기술은 누룩이 발명되면서 발달했다. 이 시기에 술 양조업이 발달했는데 국가에서는 전문적인 양조기관을 설치하여 술을 관장하였다.

상나라 시기에 이미 사람들은 술을 좋아하고 즐겼다. 당시 술을 빚는 주요 곡물은 기장이었다. 기장은 가뭄에 잘 견디고 가장 많이 생산되는 주식이었다. 갑골문에서도 곡물을 총칭하는 글자 '禾화'는 곧은 줄기에 이삭이 머리를 숙인 모양으로 기장을 뜻하는 '黍서'의 형상에 가깝다. 상나라 당시 청동기로 만든 농기구를 사용하였으므로 곡식 생산량은 점차 늘어났고, 먹고 남은 곡식은 술의 재료로 쓰였다. 곧 술을 대량으로 생산하기 위해 양조장도 생겨났다.

무정武丁은 상나라의 왕으로 정치, 경제와 문화를 크게 발전시킨 인물이다. 《상서尙書》〈열명편說命篇〉에 무정이 대신에게 "만약 술이나 감주를 만들고자 한다면, 누룩과 엿기름을 만들어야 한다"고 말하는 구절이 있다. 무정이 이미 술이나 감주를 만들 때 누룩이나 엿기름의 작용을 이해했음을 보여주는 대목이다. 또 무정이 각지의 양조장을 돌며 술을 양조하는 상황을 파악했다는 기록도 남아 있다. 즉 상나라 시기에는 술을 빚는 양조법에 대한 이해가 이미 널리 퍼져 있었음을 보여준다. 허베이河北 가오청藁城 타이시臺西현에서 발견된 상나라 중기의 양조장터나 당시에 사용되었던 '고觚'와 '작爵' 같은 술잔의 출토 등이 이러한 사실을 뒷받침한다.

하지만 술을 맘껏 빚어 마실 수 있는 양조법은 상나라를 파국으로 치닫게 하는 데 일조했다. 상나라 마지막 제왕인 주왕紂王은 나라를 다스리는 데는 관심이 없고 오직 기괴한 행동만 일삼았던 폭군이다. 자신의 편에 서지 않는 자에게는 온갖 잔혹한 형벌을 가했다. 그는 자신이 총애하던 첩 달기妲己의 속삭임에 귀가 멀어 방탕한 생활을 하는가 하면 대규모 토목공사를 일으켜 화려한 궁실을 짓는 데 재화를 낭비했다. 주왕은 방탕한 생활을 하기 위해 거대한 녹대鹿臺3를 건설하였는데, 후대 학자들의 추측에 따르면 이는 35년이 걸리는 대규모 공사였다. 하지만 주왕은 대량의 인력과 재물을 쏟아 부어 2년 4개월 만에 녹대를 완공하였다. 35년이 걸릴 공사를 2년 4개월 만에 완공하였으니 주왕이 백성을 얼마나 착취했는지 가히 짐작할 수 있다.

이러한 주왕에 대해 "술로 연못을 만들고 고기로 숲을 만들어 밤새도록 마시고 놀았다"는 기록이 남아 있는데, 결국 상은 주왕 대에 멸망했다. 주왕의 주지육림酒池肉林 고사는 후세 통치자들에게 방탕한 생활과 지나친 사치 생활을 경계하는 반면교사가 되었다.

황주 양조 기술은 주나라에 이르러 더욱 발달한다. 《예기禮記》에는 술을 빚는 겨울에는 양질의 곡물 원료인 수수와 찰벼를 준비해두고, 잘 만들어진 누룩을 사용하며, 맑고 맛 좋은 샘물과 발효용 항아리 등의 도구를 구비해 최상의 술을 빚어냈다는 기록이 있다. 이 시기에 술은 주로 제례에 사용되었으며, 손님을 대접하는 아주 중요한 음료였다. 주나라는 술을 빚는 기관인 작방作坊을 세우고 주인酒人, 주정酒正 등 술을 담당하는 관직까지 두어 국가에서 직접 양조를 관리하였다. 북방에서는 주로 밀이나 밀기울로 만든 누룩을 사용하였고, 남방에서는 주로 쌀로 만든 누룩을 사용하였다.

---

3 주왕(紂王)이 재물을 저장하였다는 곳으로 현재 허난(河南)성 치(淇)현에 있다.

양조 기술이 발달하였지만 주나라는 상나라의 멸망을 잊지 않았다. 《상서尚書》〈주고편酒誥篇〉에는 주공이 새로 제후로 봉한 강숙康叔에게 '상나라가 망한 것은 과도한 음주문화' 때문이라고 말하며 제례 이외의 음주는 금지하였다는 기록이 있다. 주나라 시가를 모은 《시경詩經》에도 술을 제례에 사용한 시가들이 여러 편 등장한다. 《시경》의 〈대아大雅 한록旱麓〉에서는 "맑은 술 차려놓고 붉은 수소 잡아 제사 지내며 큰 복을 비노라"라고 하여 술과 고기를 올려 제사 지내는 모습을 묘사했다. 〈주송周頌 풍년豊年〉에는 "풍년 들어 기장도 많고 벼도 많아 높은 창고에 한없이 쌓여 있네. 술을 빚고 단술을 빚어 조상께 온갖 예를 다하니 복을 내림이 심히 아름답도다"라고 하여 술을 빚어 풍년을 기원하고 조상에게 제사를 지내는 장면을 묘사했다.

《좌전左傳》〈장공莊公〉 22년에는 술로 예를 다한 고사가 실려 있다.

진陳나라 공자公子 경중敬仲이 환란을 피해 제齊나라로 오게 되었다. 제나라 환공桓公은 그의 현명함을 보고는 관직을 하사했다. 어느 날 환공이 경중의 집에 들렀다. 경중은 가장 좋은 술로 환공을 모시며 자신을 알아준 것에 감사를 전했다. 환공은 기분 좋게 술을 마시며 경중과 정사에 대해 이야기를 나누었다. 어느덧 날이 어두워졌고 환공은 흥이 올라 경중에게 "등을 밝히고 계속 마시자"라고 하였지만, 경중이 완곡하게 사양하였다. "오늘 전하께서 귀한 발걸음을 하신다 하여 신이 점을 보았는데 점괘가 아주 길했습니다. 하지만 신은 낮의 점만 보았고 저녁의 점은 보지 못했습니다." 이에 환공은 어쩔 수 없이 조정으로 돌아갔다.

당시 예의법도에 따르면 야음夜飮은 종실의 동성同姓 사이에서만 가능했으며, 이성異姓 사이에 야음하는 것은 법도에 어긋나는 일이었다. 경중은 진나라 공자로 환공과는 성씨가 달랐으므로 밤의 술자리를 모실 수 없었던 것이다. 후에 환공이 이 사실을 알고 경중을 더욱 높이 평가했다. 주나라는 예로써 술을 마시면서 지나침을 경계하는 사회 관념이 강했음을 알 수 있다. 하지만 제례에 올리거나 귀족들이 즐기던 술은 이후 점차 민간에서도 마시게 되었으며, 술집도 등장했다.

황주, 전성기를 맞이하다

기원전 200년 진秦왕조에서 기원후 1000년 북송에 이르기까지 1,200년은 중국 황주의 전성기라고 할 수 있다. 이 시기에는 양조법에 대해 다룬 《제민요술齊民要術》과 《주법酒法》 같은 책이 세상에 나왔고 황주뿐만 아니라 과일주, 약주 그리고 포도주 등 술의 종류 또한 다양해졌다. 또 이 시기에는 술을 음미하고 시어로 승화한 이백李白, 두보杜甫, 백거이白居易, 두목杜牧, 소식蘇軾 등 유명 문인들이 등장했다. 황주가 전성기를 맞이하고 찬란한 술문화를 탄생시킨 황금기라 할 수 있다.

한나라는 봉건토지제도가 확립된 시기로 농업이 발전하면서 곡물 생산량이 끊임없이 늘었다. 그래서 먹고 남는 곡물로는 술을 생산해 음주가 일상생활의 한 자리를 차지하게 되었다. 술 생산량이 어느 정도였는지 명확한 역사기록은 없지만, 한나라 때 경제가 회복되어 양조업이 다시 활성화되었다는 점에서 주류 생산과 소비도 활발했음을 알 수 있다.

한나라는 유교경전의 수신, 제가, 치국, 평천하 관념을 공고히 하였다. 유교적 도덕이 통치이념이 되면서 관료 귀족들은 '술이 없으면 예禮가 이루어지지 않는다'라는 의식이 강했다. 《한서漢書》에서는 "술은 모든 예절의 으뜸이다"라고 하였는데, 당시 술은 일종의 사회적 의식의 매개체였다. 위나라 책사 종육鍾毓과 종회鍾會 형제가 어렸을 때 부친이 자는 사이에 술을 몰래 훔쳐 마셨다. 마침 부친은 잠결에 이들 형제가 술 마시는 광경을 엿보았다. 술을 마실 때 형인 육은 절을 한 후 술을 마셨고, 동생 회는 절을 하지 않고 술을 마셨다. 나중에 부친이 그 연유를 물으니, 육은 "음주는 예를 다해야 하기에 감히 절을 하지 않을 수 없었습니다"라고 하였고, 회는 "훔치는 것은 본래 예를 어기는 것이기에 절을 하지 않았습니다"라고 하였다. 이러한 전고 또한 당시 술과 예의 관계를 얼마나 중시했는지 보여준다.

술 산업은 동한東漢 말에서 위진남북조 시기에 크게 발전했다. 200년간인 이 시기에는 전쟁과 분쟁으로 혼란스러웠다. 통치자에게 실망한 지식인 계층은 정사를 묻지 않고 오로지 술에 의지하여 근심을 풀었다. 위진魏晉 시기에 술 산업이 성행하면서 술은 지식인 계층뿐만 아니라 평민들에게까지 확대되었다.

동한 말 혼란한 역사를 묘사한 《삼국연의三國演義》에는 술과 관련된 고사가 있는데, 그중에서 흥미로운 것은 황주를 따뜻하게 데워서 마시는 온주溫酒에 대한 고사이다. 조조는 황제의 명령을 빌미로 삼아 원소, 공손찬, 손견 등 천하의 영웅들을 모아서 동탁을 공격하였다. 유비, 관우, 장비는 공손찬을 수행하여 이에 동참하였다. 동탁 측 대장인 화웅이 손견을 대패시킨 상황에서 이들 제후들은 속수무책이었다. 그때 관우가 화웅의 목을 베어 오겠다고 나서자, 조조는 관우의 비범함을 간파하여 그를 위해 술을 한 잔 따라주었다. 관우는 술을 받아 탁자에 놓으면서 "먼저 화웅을 죽이고 돌아와서 마시겠습니다!"라고 호기 있게 소리치고는 달려 나갔다. 얼마 지나지 않아 관우가 화웅을 죽이고 돌아와서 탁자에 둔 술을 마셨는데 그 술이 여전히 따뜻했다는 일화이다. 관우가 마신 술은 황주를 끓이거나 데워서 마시는 온주였다. 당시 사람들은 온주 마시기를 좋아했는데,

따뜻하게 데운 술은 비장과 위를 상하지 않게 하며 마시기에도 순하고 감칠맛이 났기 때문이다. "따뜻한 술이 주린 배를 적셔주어, 촘촘히 시구가 절로 떠오르는 경지를 경험하게 한다"라는 말도 당시 사람들이 온주를 즐겼음을 보여준다.

당나라는 개방적인 왕조로 주류업이 매우 발달하였는데, 황제와 문인들뿐만 아니라 일반 백성들 역시 술을 즐겨 마셨다. 당시 모습은 여러 유명 시인의 시가에 묘사되어 있다. 왕가王駕는 〈사일社日〉이라는 시에서 "뽕나무와 산뽕나무 그림자가 기우니 봄날 모임 흩어지는데, 집집마다 취한 사람 부축해 돌아가네"라고 하여 백성들이 모임에서 술을 마신 뒤 취해서 집으로 돌아가는 정경을 그렸다. 술은 국가의 큰 행사나 연회에서 반드시 준비하는 중요한 음식이자 일반 백성들에게는 함께 정을 나누며 즐기는 음식이기도 했다.

술 하면 빼놓을 수 없는 당나라 시인이 바로 이백李白이다. 이백의 "술 한 말에 시 백 편을 짓는다"란 말에서 '말'을 뜻하는 '鬪두'는 고대에 술을 재는 계량 단위였다. 한 말은 지금의 18리터 정도인데, 이것이 독한 백주였다면 이백은 일찌감치 술에 중독돼 목숨을 잃어 후세에 명시를 남기지 못했을 것이다. 이 술이 다행히 황주였기에 이백이 천 잔을 마셔도 취하지 않았다는 말을 할 수 있었을 것이다.

이 시기에는 황주 생산 지역의 이름을 붙인 것이 유명해지기도 하였다. 산둥山東 중남부에서 생산되는 술을 노주魯酒라고 하였는데, 이백이 산둥을 유람할 때 쓴 〈사구성 아래에서 두보에게 보내다沙丘城下寄杜甫〉에서 "노주 담긴 흰 항아리를 보고, 길 가려다가 금 고삐를 잡고 멈추네", "노주에도 취할 수 없고", "한가로이 노주를 기울이며 유공영을 마주하며 담소하네"라고 하여 노주를 즐기며 예찬했다. 노주는 춘추시대부터 노나라 지역에서 전해오는 술로 유명했다.

당나라의 저명한 시인 백거이白居易는 시인이면서 유명한 품주 전문가였다. 그가 경종敬宗 보력寶曆 원년825년 소주자사蘇州刺史를 맡았을 때 새로운 양조기술을 받아들여 관부의 공주주公廚酒를 개량하였다. 이는 그의 시 〈부주오절府酒五絶〉에서 "오로지 관가의 술 관련 법령을 고치도록 했을 뿐인데, 탁주가 점차 맑은 술이 되었네惟是改張官酒法, 漸從濁水作醍醐"라고 했을 정도로 소주 지역 술 산업 발전에 큰 영향을 미쳤다.

송나라 때는 경제와 문화가 크게 발전했다. 특히 양조기술이 매우 발달하여 술 생산량이 이전보다 많이 늘었다. 송나라 초기에 차, 소금, 술 등에 국가전매제도가 시행되었는데, 화조주곡률貨造酒曲律에서 "사사로이 술누룩 열다섯 근을 만들면 죽임을 당하고, 양조하여 도성에 들어오는 자는 서 말이면 죽임을 당하며, 이에 이르지 않는 자는 등급에 따라 죄를 묻는다"라고 했을 정도로 주세가 아주 엄격하였다. 각 지역에 누룩과 술 전매처를 설치하였으며, 관청의 '곡원曲院'과 '주고酒庫'에서 각각 누룩과 양조주를 구입해서 팔았다. 관부의 술 전매정책은 양조주 기술을 촉진하는 계기가 되었는데, 특히 장쑤江蘇·저장浙江 일대 양조기술이 으뜸이었다.

황주라는 명칭은 송대 문헌에서 처음 나타난다. 진덕수眞德秀 문집에 '황주를 빚다釀黃酒'라는 기록이 나오는데, 송나라 황주는 쌀 등 곡물로 증자蒸煮, 고두밥해 당화를 거쳐 발효·압착을 하여 만든 곡물 발효주이다. 그래서 당나라 때 '소주'에 이어 송나라 때는 '증주蒸酒'라는 명칭이 등장한다.

남송시대에는 정치·문화·경제의 중심이 남방으로 옮겨가면서 황주 생산지도 남방의 몇몇 성으로 한정되었다.

 남주, 황주의 중심에 서다

원나라에서 명나라로 정권이 교체될 때는 비록 백주가 이미 나타나기는
했지만 아직까지 백주를 마시는 사람은 많지 않았다. 명나라와 청나라 중
엽에 이르기까지 여전히 황주가 주류를 차지했다. 당시 술의 지형도는 '북
주北酒'와 '남주南酒'라는 지역적 대립구도를 형성했다. 북주는 북방에서 생
산된 각종 황주를 가리키며, 남주는 남방의 장쑤와 저장을 중심으로 하
여 생산된 황주를 말하는데 그중에서 소흥紹興황주의 인기가 가장 높았
다. 소흥황주는 제조법을 혁신해 판매량이 점차 많아지면서 가장 인기 있
는 황주가 되었다.

청나라 중엽 이후 북방은 잇따른 전쟁으로 곡식 생산량이 줄어듦에 따
라 곡식을 많이 사용하고 주정의 도수가 낮은 황주는 경제적 가치 측면에
서 백주만 못했다. 이 때문에 북방의 황주는 점차 생산량이 줄어들었고
현재는 산둥과 산시山西 지역에서만 황주가 소량 생산된다.

술을 담아 외지로 판매하기 위해 쌓아놓은 샤오싱(소흥) 호숫가의 빈 술 항아리들

북주

북주北酒 생산 지역은 베이징, 허베이성, 산둥성, 허난성이 대표적이다.
황주는 광대한 지역에서 전통적인 방식으로 생산하였으며 소비량도 많았

다. 당송시대 이후 제조기술이 더욱 발달하여 황주의 색이 깊어지고 보관 기간도 길어졌는데 사람들은 이를 '노주老酒'라고 했다. 전통 방식으로 제조된 노주는 남방에서도 많은 사랑을 받았다. 특히 허베이 지역에서 전통적인 황주를 많이 생산했는데 그중 창주滄酒와 역주易酒가 전형적인 북방 황주에 속한다. 이들 황주는 명대부터 명성을 얻었으며 청대 초기에 이르러 "창주의 명성은 일찍이 소흥주紹興酒에 앞선다"라는 말이 있을 정도였다. 창주 양조장에서는 마고천麻姑泉의 물로 술을 빚는데, 이 때문에 창주를 '마고천주麻姑泉酒'라고도 불렀다. 청나라 사람들은 창주가 '물이 빚어낸 보배'라고 찬사를 보내기도 했다. 청나라 중엽에 이르러 창주의 명성이 더욱 높아져 소흥주와 함께 북주와 남주의 대표 술로 자리 잡게 되었다. 청대의 명사 주이존朱彝尊은 "북주의 창주, 역주, 노주는 모두 최고 술인데, 그중에서도 창주가 으뜸이다"라고 했다. 청대 중기에 이미 북주의 대표 술이 된 창주는 오랫동안 명성을 유지하였다.

술을 빚는 모습

역주易酒는 역주易州 지역에서 만들어진 술인데, 지역의 좋은 수질 덕분에 '샘이 맑아 맛이 깨끗하다'라고 평가받기도 하였다. 역주는 명말·청초 사이에 명성이 매우 높아져 당시 베이징 술집에서도 즐겨 마셨다. 역주는 창주와 함께 북주의 가장 뛰어난 술로 평가받았다.

현재 백주의 일종인 분주汾酒의 산지로 유명한 산시에서도 당시 황주가 널리 유행하였다. 태원太原, 노주潞州, 임분臨汾 등지의 구릉에서는 모두 양질의 황주를 생산했는데, 누룩에 약재를 첨가한 매우 개성 있는 술로 당시 지명도가 분주를 뛰어넘을 정도였다. 북방의 황주는 단맛과 쓴맛으로 나눌 수 있었는데, 예를 들어 산시황주山西黃酒는 '단맛의 남주', '쓴맛의 남주'라고 불리기도 했으며, 베이징의 황주와 산둥의 황주도 단맛과 쓴맛의 구분이 있었다. 단맛의 황주는 단맛과 탄 맛이 섞여서 술이라는 느낌이 덜 들었다. 쓴맛의 황주는 술맛이 남주에 가까워 산둥 사람들은 보통 쓴맛의 황주를 좋아했다.

남주

저장을 핵심 생산지로 한 남주南酒는 줄곧 새로운 술 개발에 힘을 기울였는데, 소흥황주는 실제로 옛날 제조법을 따르지 않고 새로운 기술을 수용하여 양조하였다. 남주는 북주와 달리 단맛과 쓴맛의 구별이 없었다. 강남 지역에서는 처음부터 황주 제조에 새로운 방법을 도입하였고 동일한 제조 과정을 거치는 체계화된 술 제조법이 유행하였다. 또한 북주는 지역별로 술 제조법이 달랐지만, 남주는 짧은 시간 안에 독특한 풍격을 갖추며 점차 북방으로 확산되었다. 그래서 청대 중엽에는 남주가 북주를 압도하여 남주를 귀한 선물로 주는 일이 빈번했다.

남주가 북주와 경쟁해서 살아남은 중요한 요인이 또 있다. 남주는 북방으로 운송되어도 추운 날씨 덕에 맛이나 상태가 변질되지 않았다. 하지만 북주를 남방으로 운송할 때는 날씨가 더워져 쉽게 변질되었다. 이러한 지역적 기후 차이로 남주가 더 멀리까지 퍼져 더 오래 생존할 수 있었다.

남주 중 유명한 화조花雕, 태조太雕, 여아홍女兒紅의 산지는 모두 저장성 샤오싱소흥 일대이다. 청대 초기에 만들어지기 시작한 소흥주는 이후 품질을 대대적으로 개선하면서 점차 전성기를 맞게 되었다. 당시에는 집집마다 소흥주를 만들었는데 이 지역 풍토와 수질이 황주를 만드는 데 적합해서 대형 술가마가 많이 만들어졌고 제조기술도 규격화되었다. 이렇게 만들어진 황주는 북으로는 베이징에서 남으로는 광둥廣東에서까지 판매되었다.

2 | 백주

🫖 백주의 탄생

중국의 증류주인 백주는 발효주인 황주에서 기원하며, 발전 과정은 증류 기술의 발전과 밀접하게 관련되어 있다. 증류주인 백주가 어느 시기에 만들어지기 시작했는지는 한대漢代설, 당대唐代설, 송대宋代설, 원대元代설 등 의견이 분분하다.

한대에 만들어졌다는 설

상하이박물관장을 역임한 고고학자 마청위엔馬承源은 제3차 고고학회에서 상하이박물관에 소장되어 있는 동한東漢 시기 증류기가 술을 증류하는 데 쓰인 것으로 추정되며 한漢나라 때 이미 술 제조가 시작되었을 것이라고 언급했다. 하지만 이 증류기가 술을 증류하는 데 쓰였는지 아니면 연금술에 쓰였는지는 불분명하다. 진晉나라 갈홍葛洪이 쓴《포박자抱朴子》라는 책에서는 한대의 연금술을 소개할 때 많은 증류 기술을 언급했는데, 한대의 술 증류 방법이 담긴 기록은 아직 발견되지 않았다.

한漢대 고분에서 출토된 증류기

당대에 만들어졌다는 설

증류주인 백주가 당나라 때 만들어졌다는 주장은 당시 문헌에 백주 생산에 대한 기록은 없지만, '소주燒酒'라는 명칭을 당대 작가들의 작품에서 찾을 수 있기 때문이다. 이조李肇의《국사보國史補》에는 "술로는 검남劍南의 소주가 있다"라는 구절이 있고, 백거이白居易의 〈여지루대주荔枝樓對酒〉

에는 "소주를 처음 열면 호박향이 난다"라는 시구가 있다. 도옹陶雍 역시 "내가 성도에 이르니 소주가 익어가네"라고 했다. 여기서 '소주燒酒'를 일종의 증류주로 보고 당대 기원설을 제기하는 것이다.

또한 명明나라 말기의 학자 이시진李時珍의 《본초강목本草綱目》에 따르면 당태종 때 포도주 증류 기술이 고창高昌4 지역에서 중원中原 지역으로 전해졌다는 기록으로 보아 이 시기에 이미 곡물로 증류주를 만들었을 가능성이 높다.

송대에 만들어졌다는 설

송나라 때 과학이 발전한 것을 근거로 하여 이 시기에 증류주가 제조되었다고 주장한다. 송나라 초에 쓰인 《물류상감지物類相感志》에는 "술에서 불꽃이 일어, 푸른 천을 덮어서 불을 껐다"는 기록이 있는데, 학자들은 술에 불이 붙을 정도면 도수가 높은 증류주일 것이라고 추론한다. 송나라 시인 소순흠蘇舜欽의 시에는 "때는 매화 흩날리니 응당 시구는 얻었지만, 가히 수건을 적실 술이 없구나"라는 구절이 있는데, 원문에 술을 '증주蒸酒'라고 표기하여 이것이 증류주일 것이라고 주장하기도 한다. 《송사宋史》 〈식화지食貨志〉에는 다음과 같은 기록이 있다.

> "봄에서 가을까지 하룻밤만 숙성하면 팔 수 있는 술을 '소주(小酒)'라고 하며, 그 값은 5전에서 30전까지이고 26가지 등급이 있다. 오래 숙성하여 증류해서 파는 술은 여름까지 기다려야 나오는데 이를 '대주(大酒)'라고 하며, 그 값은 8전에서 48전까지이고 23가지 등급이 있다."

---

4 고창(高昌)은 현재의 신장 투루판 지역에 세워졌던 고대 불교국가로, 서역으로 가는 길목에 있어서 동서 교류의 요충지 역할을 했다.

두 번째 출간

여기서 말하는 '소주'는 양조주를 가리키며, '대주'는 증류주를 가리킨다고 보기도 한다.

원대에 만들어졌다는 설

이시진의 《본초강목》에서는 '소주燒酒'에 대해 다음과 같이 설명했다.

> "소주라는 술은 원나라에서 처음 만들어졌다. 진한 술과 술지게미를 시루에 넣고 증기를 올려 그중 맺혀 떨어지는 이슬을 받아냈다. 그래서 시큼해진 술을 모두 소주로 만들었다. 근래에는 찹쌀, 멥쌀, 기장, 수수, 보리 등을 쪄서 항아리에 누룩과 같이 넣어 칠일 동안 익혀서 증류기로 뽑아낸다. 이러면 물과 같이 맑고 아주 진한 맛을 내는데 이것이 이슬주이다."

청나라 장목章穆이 쓴 《조질음식변調疾飮食辨》에서는 "소주燒酒는 다른 이름으로 화주火酒라고도 한다. 《음선정요飮膳正要》에서는 소주燒酒를 '아라키阿剌吉, 몽골어'라고 한다. 이 술은 예전 방식으로 만든 것이 아니라 원나라 말기 시암暹羅, 태국의 옛 이름과 네덜란드 등의 사람들이 제조방법을 중원에 전해준 것이다"라고 하였다. 청대 단췌檀萃의 《전해우형지滇海虞衡志》에는 "소주燒酒를 이슬주露酒로 부르며, 원나라 초기에 중국에 도입되었다. 중국에서는 어디서나 소주를 마신다"라는 말이 나온다. 이러한 역사적 기록으로 볼 때 증류주인 백주가 적어도 원나라 때는 이미 중국에 존재했음을 알 수 있다.

백주 시대의 서막을 알리다

원나라 때 이미 중국에 존재했던 백주는 명나라와 청나라를 거치면서 점차 황주의 자리를 대신하게 된다. 백주가 유행하게 된 원인은 몇 가지 측면에서 살펴볼 수 있다.

첫째는 수수 재배의 확대이다. 청대 초기에 황하의 치수공사를 벌였는데 이를 위해서는 짚이 대량 필요했고, 이에 따라 수수 재배 면적이 증가했다. 수수는 술로 증류하면 품질이 훨씬 뛰어나고

청대 민간에서 증류주를 만드는 모습

도수도 높았다. 따라서 백주 제조에 수수를 이용하는 것이 이 곡물을 가장 효과적으로 소비하는 방법이었다. 청대 중엽 이후, 전란으로 농작물 수확이 어려워졌을 때도 황주의 원료인 기장과 찹쌀은 백성들이 먹기에도 부족하여 황주 생산량이 급격히 줄어든 반면 수수는 식용에 적합하지 않았기 때문에 술을 만듦으로써 백성들에게 추가 소득을 가져다줄 수 있었다.

둘째는 황주에 비해 뛰어난 경제성이다. 청나라 때 여러 시인의 시를 모아 출간된 시집 《청시탁淸詩鐸》에는 "황주는 가격이 비싸서 되로 사고, 백주는 가격이 싸서 말로 산다네"라는 구절이 나온다. 당시 황주와 백주의 가격차가 매우 컸음을 보여준다. 게다가 백주는 도수가 높아서 조금만 마셔도 취할 수 있으나 황주는 취하려면 돈이 많이 들 수밖에 없었다. 그래서 상류층은 비싼 황주를, 가난한 평민은 저렴한 백주를 주로 마셨다.

셋째는 원거리 운송이 편리했다. 청대 말기에는 남북의 각 성에서 농민들의 봉기가 끊이지 않았다. 소흥황주의 베이징 운송로인 운하와 남쪽 운송로인 육로가 전란으로 봉쇄되고 황주 자체의 경쟁력이 약화되면서 황주

의 판로가 점점 막혔다. 반면 백주는 도수가 높아서 저장과 원거리 운송이 편리했다. 이로써 술 제조가 발달하지 않은 다른 지역으로 소비가 확대될 수 있었다.

원나라 이후 수백 년간 확장 과정을 거친 백주는 청대 중엽에 이르러 마침내 황주 생산량을 추월하여 대중적인 음용주로 자리 잡았고, 청대 말엽에는 생산량이 최고봉에 이른다. 백주 생산량이 급격히 늘어나면서 백주 양조장도 북방의 각 성으로 널리 퍼져나갔다. 대량의 곡식이 백주 제조에 소비되자 청나라 조정에서는 백주 제조를 제한하거나 금주령을 내리기도 했다. 하지만 백주가 이미 북방 일반 백성의 수익원이었기 때문에 풍년에는 일부 관리들이 나서서 조정에 금주령 해제를 요구하는 상소를 올리기도 했다. 직독直督 이위李衛는 상소문에 이렇게 적었다. "선화부宣化府 지방에서 생산되는 수수는 맛이 써서 흉년에나 기근을 없애는 데는 쓸 수 있으나, 풍년에는 마땅히 백주를 만들 수 있게 해야 합니다."

사람들의 음주 습관은 이렇게 황주에서 점차 백주로 바뀌게 되었다. 처음에는 백주의 높은 도수가 사람들에게 거부감을 주었지만 점차 익숙해졌다. 청대 시인 원목袁枚은 《수원식단隨園食單》에서 "소주는 독해야 좋다"라고 했는데, 이는 청대 말엽 사람들의 음주 취향을 보여주는 것으로 많은 사람이 백주가 주는 강렬한 자극을 좋아하기 시작했음을 의미한다.

🫖 남방으로 확장되다

청대에 사람들은 도수가 높은 백주를 추구했다. 적은 양으로 빨리 취할 수 있었기 때문이다. 청대 전당錢塘 사람인 양소임梁紹壬은 도수가 높은 소주와 관련된 일화를 소개했다.

"내가 어느 해 소산(蕭山)에 놀러 갔을 때, 그곳에 사는 벗이 '이화춘(梨花春)'이라는 술을 나에게 대접하였다. 내가 한 잔을 마셨을 뿐인데 그 친구가 술잔을 빼앗아갔다. 그 친구는 주량이 대단했는데도 작은 잔으로 두어 잔 마실 뿐이었다. 나는 이 한 잔 술에 그만 하루 종일 취해 있었다."

양소임이 언급한 이 술의 도수는 적어도 60도 이상이었을 것으로 추측된다.

황주에 익숙했던 남방 사람들은 처음에는 독한 백주에 부정적이었다. 예를 들어 광둥 사람인 굴대균屈大均은 백주에는 원나라 사람들이 독을 넣었기 때문에 마시면 몸에 화기가 생긴다고 주장하기도 했다. 도수가 낮은 술을 즐겼던 남방 사람들은 알코올 도수를 낮추기 위해 백주에 물을 타서 마시기도 했는데, 이로써 인위적으로 도수를 낮춘 백주가 출현하기도 했다. 이는 도수를 낮춤과 동시에 술값이 저렴해지는 효과가 있었다. 당시에는 이렇게 물을 타서 도수를 낮춘 술을 '화주和酒'라고 불렀다. 하지만 백주가 점점 많은 지역으로 퍼짐에 따라 남방에서도 점차 백주를 받아들였고 일부 지역에서는 백주가 황주를 몰아내고 시장을 장악하기도 했다.

청대 말엽 경제가 쇠퇴함에 따라 남방의 양주揚州에서는 일찍이 유행했던 설주雪酒, 모과주, 오가피, 소흥주 등 발효주의 수요가 줄어들고 증류주, 즉 백주가 대세를 이루었다.

1920년대 윈난云南의 술 양조장 설비

두 번째 출잔

🏺 국민 술로 등극하다

신중국5 성립 초기, 백주는 민국시대6에 사용되던 고량주高粱酒, 토소주土燒酒, 분주汾酒, 백주白酒, 소주小酒 등 다양한 명칭이 섞여 있었다. 당시 백주의 도수는 측정방법이 없고 통일된 표준이 없었기 때문에 술 판매상들도 원간原乾, 원주原酒, 백간白干, 간주干酒, 포자주炮子酒 등 각양각색의 명칭으로 백주의 종류를 구분했다. 국가에서는 이러한 혼란을 정비하기 위해 규범작업을 벌여 제조법과 원료가 유사한 증류주를 '백주'로 통일하였다.

이즈음 백주의 공업화도 시작되었다. 공업화에서 첫 번째 문제는 곡식을 공급하는 것이었다. 신중국에서는 1950년대 중엽부터 식량 배급제를 실시했기 때문에 주류공장들도 곡식 배급을 받아야 했다. 소규모 술 제조업자들은 도산하거나 문을 닫았으며, 곡식이 풍부한 일부 지역에서만 합작 형식의 소규모 술 제조가 이루어졌다. 물론 개인이 소유할 수는 없었다. 전통적인 도제 전승 방식의 술 제조법이 공업화된 새로운 체계로 변화된 것이다.

곡식 배급제가 생기면서 술도 계획경제 시스템 속으로 편입되었는데, 청대 말

1930~40년대 베이징 거리에서 소주燒酒를 판매하는 노인

---

5   1949년 중화인민공화국이 성립된 이후를 신중국이라고 한다.
6   1911년 신해혁명 이후 건립한 중화민국이 통치한 시대(1912~49)를 민국시대라고 한다.

기 상황과 유사한 상황이 되었다. 도수가 높고 곡식 사용량이 적은 백주는 점점 전국적으로 확산되었는데, 경제적 측면에서 백주의 상대가 되지 못했던 황주는 샤오싱 등 일부 지역에서만 명맥을 유지했고, 백주를 마시지 않았던 지역에서도 백주를 마시기 시작했다.

1963년 제2차 주류품평회에서 8대 유명 백주가 선정되었는데, 구이저우貴州 마오타이주茅臺酒, 쓰촨四川 우량예五粮液, 안후이安徽 구징궁주古井貢酒, 쓰촨 루저우라오쟈오터취瀘州老窖特曲, 쓰촨 취엔싱따취全興大曲, 산시陝西 시펑주西鳳酒, 산시山西 펀주汾酒, 구이저우 둥주董酒가 그것이다. 이 품평회에서 과거에 그저 각각의 제품명만 있었던 백주가 새로운 브랜드를 얻는 역사가 만들어졌다. 품평회 이전 펑샹鳳翔현에는 펑주鳳酒 생산자가 수십 가구 있었고 루저우瀘州에도 생산자가 수십 가구 있었으나, 품평회 이후 각지의 술 공장들이 점차 국유화되어 하나로 합병되었다.

명주라는 타이틀을 얻은 장점은 유통 허가를 갖게 되었다는 것이다. 신중국 초기에는 운송을 엄격히 제한해 허가를 받지 못하면 어떠한 제품도 외부로 운송할 수 없었기 때문이다. 또 다른 장점은 곡식이 부족해도 생산을 유지할 수 있게 되었다는 것이다. 마오타이든 루저우라오쟈오든 곡식 수확이 좋지 않을 때에도 곡식을 특별 공급받음으로써 지속적인 생산을 보장받게 되었다.

알아두면 쓸데 있는 상식

■ 향에 따른 백주의 분류

중국 백주를 분류하는 방법에는 여러 가지가 있으나 향에 따라 나누는 것이 일반적이다. 보통 청향형淸香型, 농향형濃香型, 장향형醬香型, 봉향형鳳香型, 약향형藥香型, 복울향형馥鬱香型 정도가 자주 마시는 백주에서 나타나는 향형이며, 고급주는 대체로 농향형과 장향형이다. 향형은 10여 개 이상으로 분류할 수 있으나 1979년 제3차 주류품평회 이후부터 지금과 같은 분류가 일반적이다.

1980년 이전까지는 청향형이 백주의 50% 이상을 차지하는 주도적 위치에 있었다. 청향이 유행했던 첫 번째 이유는 소모되는 식량이 비교적 적었기 때문이다. 일반적으로 술 1톤을 생산하는 데 필요한 곡식은 청향이 2.5톤 정도, 농향이 3~3.5톤, 장향이 4.5톤 이상이다. 또 다른 이유는 제조 기간이 짧아 시장 공급이 원활하다는 것이었다. 따라서 청향은 어려운 시대에 살아남기 좋은 향형이었다.

농향형의 생산조건은 상대적으로 까다롭지 않다. 장향형에 비해 공정이 간단하고, 기후 산지도 광범위하며, 일정 품질 이상의 좋은 물만 충족되면 생산이 가능하다. 농향형의 가격대는 저가에서 고가까지 비교적 넓어서 다양한 소비층을 확보하고 있다. 또 쓰촨요리가 전국에 널리 퍼지면서 쓰촨에서 유래한 농향형도 인기를 끌었다.

장향형 백주의 생산 주기는 백주 향형 중 가장 길다. 보통 발효하는 데 1년, 저장 기간 4년을 합쳐 5년 정도 시간이 걸린다. 공정도 복잡하여 8차례 발효 과정을 거치므로 이러한 특성상 희소성이 있다.

▶ 청향형淸香型

분향형汾香型이라고도 한다. 수수를 원료로 땅속 항아리에서 발효해 향이 순수하고 부드럽다. 산시山西의 명주인 편주汾酒(분주)와 중식당에서 쉽게 접할 수 있는 얼궈토우주二鍋頭酒(이과도주) 등이 여기에 속한다.

▶ 농향형濃香型

깊은 땅속에서 발효시켜 맛이 진한 것이 특징이나 목넘김이 부드럽다. 우량예五粮液(오량액), 루저우라오쟈오瀘州老窖(노주노교), 젠난춘劍南春(검남춘), 수이징팡水井坊(수정방), 양허따취洋河大曲(양하대곡), 구징궁주古井貢酒(고정공주)와 한국인이 즐겨 찾는 쿵푸자주孔府家酒(공부가주), 옌타이까오량주煙臺古釀酒(연태고량주) 등이 모두 여기에 속한다.

▶ 장향형醬香型

누룩 발효의 맛이 남아 깊고 오래된 재래식 간장향이 두드러진다. 마오타이주茅臺酒(모태), 랑주郎酒(랑주), 우링주武陵酒(무령주) 등이 여기에 속한다.

▶ 봉향형鳳香型

복합향형의 대곡 백주에 속한다. 짙고 달콤하며 과일의 향이 섞인 풍만한 향이다. 산시陝西의 시펑주西鳳酒(서봉주)가 대표적이다.

▶ 약향형藥香型

동향형董香型 백주라고도 한다. 우아하고 그윽한 향과 약초 향이 살짝 배어 있으며 달콤한 맛이 있다. 구이저우貴州의 둥주董酒(동주)가 대표적이다.

▶ 복울향형馥鬱香型

한입에 세 가지 맛, 즉 청향, 농향, 장향형 맛이 느껴진다는 복합형으로 후난湖南의 주귀이주酒鬼酒(주귀주)가 대표적이다.

▶ 겸향형兼香型

곡물을 주원료로 하여 발효, 저장, 블렌딩하여 만드는 술로 장향과 농향의 맛이 동시에 느껴진다. 대표적인 백주로 안후이安徽의 커우즈자오口子窖(구자교)가 있다.

세 번째 술잔

술, 시인을 만나다

시인은 삶을 가장 함축된 언어로 빚어내는 언어의 연금술사이다. 왠지 시인을 생각하면 '고뇌', '좌절', '방황' 같은 단어가 떠오른다. 특히 어지럽고 혼란스러운 상황을 온몸으로 느끼며 살아야 했던 시대의 시인들에게는 더욱 그러하다. 술과 시는 우리의 경험적 인식에서 궁합이 잘 맞는 짝이다. 술은 시인에게 위안을 주는 벗이자 때로는 잊고 싶은 세상 자체였을지도 모른다. 이제 역사를 거슬러 올라가 한 시대를 오롯이 마주하며 아름다운 언어로 자기 삶을 술잔에 담아 시로 빚어낸 시인들과 그들의 인생을 만나보자.

조조의 술과 문학:
현실적 고뇌와 정신적 자유

난세의 영웅

《삼국연의三國演義》에 묘사된 조조曹操
는 냉혹한 간신의 모습을 떠올리게 하는
인물이다. 소설 속의 그는 권력을 차지하
기 위해 권모술수를 일삼는 '난세의 간웅
奸雄'이다. '촉한정통론蜀漢正統論'에 입각
하여 유비劉備를 주인공으로 내세운
소설이 이야기를 재미있게 전개하
기 위해 설정한 인물 성격이기
도 하다.

요순堯舜1처럼 천하를 덕으로 다스리는 성군을 고대하는 고대 중국인의 이상이 소설 속 유비와 조조의 인물 성격을 결정하였다고 할 수 있다.

실제 조조는 덕 있는 성군은 아닐지라도 난립하는 군벌들을 제압하고 백성들의 삶을 안정시킨 뛰어난 군사가이자 정치가였다. 20세에 효렴孝廉으로 관직에 나아간 후 지위고하를 막론하고 엄격하게 법을 집행하였고, 황건적 토벌에도 공을 세웠다. 이때 조정은 외부적으로는 황건적의 난이 일어나고 내부적으로는 외척과 환관이 권력 싸움을 벌여 매우 혼란스러웠다. 곧 조정을 장악한 동탁董卓이 포악하게 권력을 휘두르기 시작했다.

각지의 귀족과 호족들은 동탁 토벌을 명분으로 연합군을 결성하였다. 조조도 이 연합군에 참여했지만 이내 실망하고 말았다. 원소袁紹를 맹주로 한 귀족 중심 연합군은 권력과 이익을 차지하기 위해 자신의 기반을 확대하는 데만 급급했고, 나아가 서로 죽고 죽이는 전쟁을 벌였다. 당시 상황을 조조는 〈호리행蒿里行〉에서 다음과 같이 노래하였다.

> 함곡관 동쪽에는 지사들 있어, 군사 일으켜 흉적을 토벌하니
> 애당초 맹진에서 맹약할 적에, 마음은 함양으로 달렸었다네
> 군사는 합했건만 생각은 달라, 망설여 앞장서려 하지 않더니
> 세도와 이익 위해 다투더니만, 드디어는 서로를 죽이는구나
> 회남의 아우는 황제를 참칭하고, 북방의 형은 옥새를 새기는데
> 갑옷엔 이와 서캐 득실거리고, 백성들만 그 통에 죽어나가서
> 백골이 온 들판에 뒹굴고 있고, 닭 울음소리 천 리에 끊겼으니
> 백성들 백에 하나 남을까 말까, 생각하면 애간장 끊어진다네

---

1 고대 중국의 요임금과 순임금을 말한다. 세상을 태평성대하게 다스린 성군(聖君)의 대명사로 일컬어진다.

스스로 의로운 지사志士를 자처하는 군벌들의 야욕, 특히 원소와 원술袁術 형제의 황제 참칭僭稱이라는 정치적 상황에 대한 비판과 함께 병사와 백성들의 비참한 삶을 깊이 동정했다. 연합군과 함께해서는 뜻을 이룰 수 없다고 판단한 조조는 독자적인 길을 걷기로 결심하고 연합군에서 탈퇴하였다. 군벌 귀족의 난립을 종식하고 천하 질서를 바로잡기 위해 가장 시급하고 중요한 일은 인재를 모으는 것이었다. 그래서 환관 세력을 반대하는 순욱荀彧과 그를 따르는 인재들을 영입하였다.

이후 순욱 등의 의견을 받아들여 세력을 확장하고 헌제獻帝의 후견인이 되어 조정의 실권을 장악하였다. 그는 토지와 농기구 그리고 씨앗을 나누어주는 등 백성들의 삶을 회복시키기 위한 정책을 시행하였다. 그 결과 정치적·경제적 기반을 마련한 조조는 여포呂布, 원술, 원소를 차례로 격파하고 북방을 완전히 제압하였다.

🏺 단가행: 술로 시름을 해소하다

당시는 유비의 촉蜀나라가 아직 형성되지 못한 시기여서 강남에서 세력을 키운 손권孫權의 오吳나라만 제압한다면 천하의 질서를 회복할 수 있었다. 208년 조조는 강남 정벌에 나섰다. 형주荊州를 제압하고 남쪽으로 내려와 적벽赤壁에 진을 쳤다. 운명을 건 대전을 앞두고 조조는 뱃전에 나와 창을 비껴두고 술잔을 들었다. 호쾌하게 술 한 잔을 마시고 노래 한 곡조를 뽑는다. 그 유명한 〈단가행短歌行〉이다.

술을 두고 노래하네, 살아 한 생 몇 해더냐
이슬 같은 우리 인생, 고생 또한 많을시고
높은 곡조 뽑는다만, 시름이야 잊히랴

무엇으로 시름 풀꼬, 애오라지 술이라네

그대 푸른 옷자락이, 그립구나 이 내 마음

오직 그대 그리워서, 이날까지 읊조리네

사슴들이 길게 울면, 좋은 들쑥 만남이요

우리 집에 귀빈 오면, 금슬 타고 생황 부네

밝고 밝은 저 달님을, 그 언제나 따오려나

가슴속에 솟는 시름, 끊을 수가 없는지라

산을 넘고 강을 건너, 나를 찾아오신 그 뜻

오랜만에 만난 자리, 옛 은정을 생각하니

달은 밝고 별 드문데, 날아가는 까막까치

높은 나무 돌고 도니, 깃들 가지 고르는가

험한 산봉 높을쏘냐, 넓은 바다 깊을쏘냐

토포악발(吐哺握髮), 주공에게 천하민심 모였다네

한평생 오래 살아야 백 년도 채 못 되니 이슬같이 짧게 느껴지는데 이 순간 주마등처럼 스쳐가는 지난날을 돌아보면 힘들고 괴로운 일들이 너무나 많았다. 가슴속의 강개함을 목청 높여 노래 불러보지만 가슴속은 시원해지지 않고 시름은 잊히지 않는데, 이 시름은 오직 술로만 풀 수 있다. 그렇다면 술로 풀 수밖에 없는 조조의 시름은 무엇인가? 옛날 주공周公은 성왕成王을 보필할 때 집에 인재가 찾아오면 밥을 먹다가 입안에 씹던 밥을 뱉고 만났으며, 머리를 감을 때 인재가 찾아오면 감던 머리를 손에 쥐고 나와 만났다고 한다. 그래서 천하의 모든 인재가 주공을 찾아왔고 주공은 예악으로 천하의 질서를 바로잡아 후대의 칭송을 받았다. 공자孔子가 이상으로 삼았던 주공같이 천하의 모든 인재를 등용하여 역사에 빛나는 공적을 쌓는 것이 조조의 이상이었다.

그러나 난세에 인재를 얻기란 쉬운 일이 아니었다. 혈통을 중시하는 귀족사회에서 환관의 손자로 태어나 자신이 품었던 야망에 비해 신분이 낮았던 조조로서는 더욱 어려웠을 것이다. 재능과 학식을 갖추었어도 신분에 따라 사회적 지위와 관직의 고하가 결정되는 귀족적 질서는 권력을 쥐고 천하의 질서를 다시 세우려는 조조에게 커다란 장애물이었다. 난세 속에서 신분이나 품성보다는 재능이 뛰어난 인재를 원했던 조조에게 인재 등용의 어려움은 술로써밖에 풀 수 없는 깊은 시름이었다.

물론 술이 시름을 근본적으로 해소해주지는 않는다. 다만 술에 취하여 일시적으로 그 시름을 잊고, 정신적 압박감에서 잠시 벗어날 수 있을 뿐이다. 문학작품에서 술의 의미는 대부분 이상과 현실의 갈등에서 야기된 '고뇌'에서 벗어나 일시적으로 획득하는 '정신적 자유'와 관련된다. 현실에서도 그렇듯이 말이다.

🫖 구징궁주

조조는 〈단가행〉 첫 구절에서 "술을 두고 노래하네, 살아 한 생 몇 해더냐"라고 읊는다. 이 대목에서 조조가 어떤 술로 시름을 풀었을지 궁금해진다. 조조가 술에 대해 언급한 문장은 《상구온주법주上九醞酒法奏》를 들 수 있다. 이 글의 내용에 따르면, 조조는 자신의 고향 보저우亳州에서 만들어진 '구온춘九醞春'이라는 술의 양조방법을 동한東漢의 헌제獻帝 유협劉協에게 헌상했다고 한다. '춘주春酒'란 봄에 만든 술을 말한다. '구온춘'은 얼음이 녹을 때 좋은 쌀로 만든 '곡曲'으로 빚은 술을 말한다. 백주를 만들 때 필요한 발효제를 '곡'이라고 한다. '구온九醞'은 쌀을 아홉 번 나누어 넣는다는 의미이다. 즉 3일 간격으로 쌀을 아홉 번 나누어 넣어 발효시키는 양조법이다. 재상을 지낸 조조라면 상식이나 학식이 풍부했을 테고 '곡'을 이용하여 술을 빚는 기술도 익히 알았을 것이다. 조조가 '구온춘' 양조법을 독점하지 않고 황제에게 공식적으로 헌상함으로써 '구온춘' 양조법은 황실에서 관리하게 되었다. 아마도 조조가 시름을 풀 때 자주 마신 술은 바로 '구온춘'일 것이다.

조조의 조공에서 유래된 보저우의 '구온춘'은 '중국의 첫 번째 조공 백주中華第一白酒貢酒'라는 명성을 얻어 명청明淸 400년 동안 황실의 정식 조공품 반열에 올랐다. '조조의 조공술曹操貢酒—중화백주제일공품中華白酒第一貢品'이라는 이름도 여기서 시작되어 세상에 알려지게 되었다. 중화인민공화국이 성립된 이후인 1959년 보저우의 구징주창古井酒廠은 역사적 기록에 근거하여 '구온춘'을 '구징궁주古井貢酒'라고 이름 지었다. 동한 시기 '구온춘'은 발효주이고 오늘날의 '구징궁주'는 증류주이다. 양조기법의 원천은 다르지만 1,800년 역사를 간직한 명주 '구온춘'은 후세 보저우의 양조기술에 큰 영향을 주었고 '구징궁주'로 재탄생했다. 중국 안후이성 보저우시 구징진古井鎭에 있는 안후이구징궁주주식회사安徽古井貢酒股份有限公司에서는 '구징古井', '구징궁古井貢' 브랜드의 백주를 생산한다. 또 안후이차오차오궁주주식회사安徽曹操貢酒有限公司에서는 '차오차오曹操', '차오차오궁曹操貢' 브랜드의 백주를 생산한다.

2
도연명의 술과 문학:
정치적 절망과 자연에 순응

🏺 은둔의 한사

도연명陶淵明은 동진東晉 초기에 재보宰輔, 재상를 지낸 도간陶侃의 증손이다. 할아버지 도무陶茂도 무창武昌의 태수太守로 재임했으나 아버지는 은둔 생활을 했기 때문에 이름조차 알려져 있지 않고, 어머니는 정서대장군征西大將軍 환온桓溫의 장사長史, 막료장였던 맹가孟嘉의 넷째 딸이다. 젊은 시절 도연명은 유가儒家의 육경六經을 공부하여 천하를 평정하는 꿈을 품었고, 견문을 넓히기 위해 천하를 유람하며 백이伯夷와 숙제叔齊의 절개를 흠모하고 형가荊軻의 기개를 키웠다. 그러나 문벌門閥사회에서 가난하고 권력이 없으면 관직에서 이상을 실현하는 것은 불가능한 일이었다.

도연명의 첫 번째 관료생활은 29세 때 자기가 살고 있던 강주江州의 쬐주祭酒, 교육장로 취임한 것이었으나 관리 직무를 감당하지 못하고 사직한 뒤 돌아왔다. 다시 생활을 위해 진군참군鎭軍參軍과 건위참군建衛參軍 등의 관직을 지냈다. 팽택현령彭澤縣令 때 보잘것없는 봉록 때문에 권세를 부리는 소인배에게 허리를 굽히는 일을 견뎌내지 못하면서 누이의 죽음을 구실 삼아 관직을 사임하고 41세에 고향으로 돌아왔다. 이때 쓴 글이 〈귀거래사歸去來辭〉이다.

🏺 귀거래사: 술로 행복과 자유를 노래하다

귀거래사는 서문과 본문으로 구성되어 있는데, 서문에는 자신이 관직에 나아간 동기와 고향으로 돌아오게 된 연유가 밝혀져 있다. 도연명은 살림살이에 도움이 될까 하여 관직을 구하던 터에 집안 숙부가 고향에서 그리 멀지 않은 팽택의 현령에 천거하여 부임하게 되었다. 하지만 부임한 지 얼마 지나지 않아 '입과 배'를 위해 '한평생 품은 뜻'을 어기는 것이 너무나 부끄럽고 슬퍼 관직을 그만두기로 작심하였다. 천하의 백성들이 풍요롭고 행복하게 사는 세상을 만들겠다는 '이상'과 하급관리로서 백성들을 조세라는 명목으로 수탈해야 하는 '현실'의 괴리로 인한 고뇌로 읽힌다. 그 결과 겨우 80여 일간 벼슬살이를 한 뒤 고향으로 돌아오고 말았다.

본문은 4개 장으로 구성되어 있다. 1장은 관직을 그만두고 집으로 돌아가는 길을 묘사했는데, 다음 구절이 그 마음을 느끼게 해준다.

조각배 흔들흔들 나는 듯 가볍고 바람은 산들산들 옷깃을 나부끼네
행인에게 남은 길 얼마냐고 묻노니 새벽 빛 희미함이 한스럽기 그지없네

도연명은 관직에서 지식인으로서 정치적 이상을 실현할 수 없음을 깨닫고 고향으로 돌아가리라 결심하였다. 육신의 안락함보다 마음의 즐거움이 귀중한데, 육신의 안락함을 위해 마음을 괴롭힌 지난날의 잘못을 지금이라도 깨달았으니 얼마나 다행인가! 관직을 버리고 고향으로 돌아가는 이 순간 무엇을 아쉬워하고 슬퍼하겠는가? 집으로 돌아가는 길은 아주 상쾌하고 기뻤다.

2장은 집에 도착하는 장면으로 시작한다.

오막살이 멀리 보여, 기뻐하며 달려가니
아이 종이 기뻐 맞고, 어린 자식 문에 섰네
뜨락 길은 묵었지만, 솔과 국화 여전한데
어린 것과 방에 드니, 술동이에 술이 찼네
술병 술잔 가져다 스스로 술을 따라,
뜰의 나무 바라보니 웃음이 절로 나고
남쪽 창에 기대어 세상을 조롱하며,
작은 집이 편한 줄 내 이제 깨달았네
전원을 걷는 일이 한낮의 재미이고,
대문은 내었지만 언제나 닫혀 있네
지팡이로 걷다가 한가로이 쉬면서,
때로는 고개 들어 저 멀리 바라보면
구름은 무심하게 산봉우리 감돌고,
새들이 나른하게 둥지로 돌아올 때
햇빛은 어둑어둑 땅거미가 지는데,
외로운 소나무를 매만지며 배회하네

드디어 고향에 당도하여 저 멀리 집이 보이자 벅찬 마음이 밀려온다. 가족도 소식을 듣고 문 앞에서 그를 기다리고 어린 종복이 달려나와 그를 맞는다. 대문을 들어서서 집 안을 둘러보니 세속의 욕망을 버리고 은거하고자 했던 본래 마음을 지키지 못하고 벼슬살이에 나간 자신에 반해, 겨울이 왔건만 소나무는 푸르고 서리 맞은 국화는 그 절개를 굽히지 않고 아직도 피어 주인을 반기는 듯하다. "소나무와 국화는 여전히 그대로다松菊猶存"라는 구절은 어떠한 고난에도 굴하지 않고 절개를 지키는 소나무와 국화에 빗대어 자신 또한 예전에 품었던 뜻을 평생 지켜나가리라 결심함을 뜻한다. 아내가 이미 차려놓은 술상 위에 항아리 가득한 술을 보며 더 바랄 것 없이 마음이 넉넉해지고 집에 돌아오길 잘했다는 생각을 한다.

흥겨운 마음에 술 항아리와 잔을 끌어다가 누가 따라줄 필요 없이 자작으로 술을 마시며 마음 가는 대로 눈길을 돌리다가 뜰 안의 나무가 눈에 들어오니 절로 입가에 미소가 번진다. 이렇게 마음이 편안하고 즐거운데 무엇을 더 바라겠는가! 햇살이 맑은 남쪽 창가에 취한 몸을 기대고 뜰을 바라보니 욕망으로 동분서주하는 세속의 삶이 가소롭고, 겨우 무릎을 펼 수 있을 만큼 방이 좁은 이 가난한 삶에 정신적 편안함과 진정한 행복이 있음을 깨닫는다. 그러니 외부 사람을 만나기 위해 나갈 일도 없고 외부 손님을 맞을 일도 없어 대문이 있어도 늘 닫혀 있고, 매일 들길을 거니는 일이 재미가 되었다.

날이 저물어 어둑어둑 땅거미가 지는 이 순간, 천하 평정의 이상을 추구했던 젊은 날과 늙어가는 지금을 생각하며 심사가 복잡해져 외로운 소나무를 어루만지면서 자리를 떠나지 못한다. 하지만 이 찰나에 깨달음이 뇌리를 스친다. 가슴속에 깊이 묻어두었지만 불쑥불쑥 디밀고 나와 힘들게 하는 미련이 말끔히 씻어진다. 전원 속에서 가족과 정을 나누며 행복하게 살면서 술 한잔 마실 수 있다면 무엇이 더 필요하겠는가.

3장에서는 '돌아가자'라는 결심을 다시 강조한다.

> 돌아가자! 사귀는 일 멈추고 내왕도 끊으리라
>
> 세상살이 나와는 서로가 어긋나니,
>
> 또다시 수레 몰아 무엇을 얻으리오

세상과 교유를 단절하여 불현듯 일어난 복잡한 심사를 털어내려는 결심을 표현했다. 이상을 실현할 수 없는 세상에 다시 수레를 몰고 나가 사람들을 만난들 무엇을 얻고 무엇을 이룰 수 있겠는가? 근심은 세상에 대한 미련, 즉 한 지식인으로서 이상을 버리지 못하기 때문에 생기는 것이다.

4장은 한평생이 짧음에 대한 슬픔을 자연에 순응함으로써 극복하며 작품을 끝맺는데, 다음 두 구절에 이러한 의미가 잘 녹아 있다.

> 동쪽 언덕 올라서 휘파람 길게 불고,
>
> 맑은 시내 마주해 시 한 수 읊으면서
>
> 자연에 순응하며 짧은 삶 다하리니,
>
> 천명을 즐긴다면 또 무엇을 의심하리오

동쪽 언덕에 올라 휘파람 불고 맑은 냇가를 굽어보며 시를 지어 온갖 시름을 털어내고 한가로운 마음을 노래하면, 이보다 더 즐거운 삶이 어디 있겠는가? 즐겁게 살면서 오로지 자연의 조화에 순응하여 이 짧은 삶을 다한다면 죽음 또한 왔던 곳으로 되돌아가는 것일 뿐이다. 이렇게 천명天命을 즐긴다면 모든 근심은 사라지고 마음은 자유로워질 텐데 무엇을 억지로 하려 하고 무엇을 의심하고 가슴 아파하겠는가?

도연명의 괴로움은 육신의 욕망에서 비롯하는 것이 아니었다. 지식인으로서 실천해야만 하는 정치사회적 이상을 실현할 수 없는, 이상과 현실 간의 괴리로 인한 정신적 고뇌였다. 그는 죽을 때까지 이 정신적 고뇌에서

세 번째 출간

자유로울 수 없었다. 천하를 평정하는 정치사회적 이상은 지식인으로서 존재의 의무이자 가치였기 때문이다.

〈귀거래사〉는 도연명의 깊은 고뇌와 정신을, 형식미를 최고도로 추구한 변려문駢儷文이라는 정교한 문체로 표현하였다는 점에서 놀랍도록 훌륭한 작품이다. 당시 문인들과 달리 전고典故를 거의 사용하지 않았으며 현학적 용어나 어려운 글자를 쓰지 않으면서도 심오한 사상과 시적 정취를 담았다. 내용뿐만 아니라 형식 면에서도 질박함과 정교함이 절묘하게 조화를 이룬 작품이다.

타오링주

《오류선생전五柳先生傳》에 따르면, 도연명은 술을 즐기는 천성을 타고났는데 집안이 가난해서 술을 마음껏 마실 수 없었다. 친지들과 친구들은 이런 그의 사정을 잘 알고 있었으므로 술을 준비해놓고 그를 부르기도 하였는데, 그는 일단 마셨다 하면 술동이가 빌 때까지 취하도록 마셨고, 다 마신 후에는 미련 없이 집으로 돌아갔다고 한다. 또 〈곽주부에게 화답하다和郭主簿〉라는 시에는 "차조 찧어 맛있는 술 만들고, 술 익으면 나 홀로 마시네春秫作美酒, 酒熟吾自斟"라는 구절이 있는데, 그가 술을 직접 만들어 마셨음을 짐작할 수 있다.

평생 술을 좋아한 그의 관직명이 붙은 술도 있다. 도연명이 팽택현령으로 부임했을 때 즐겨 마신 술이라 하여 '타오링주陶令酒'라고 한다. 이 술을 만드

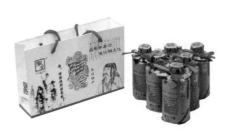

는 장시타오링주업주식회사江西陶令酒業有限公司는 현재 장시江西성 주장九江시 펑쩌彭澤현 국가자연보호구역 내에 있다. '타오링주'는 도연명이 스스로 제조하여 마신 술의 양조기술을 현지 주민들이 오래도록 보존하여 온 데에서 만들어진 백주이다. 1949년 중화인민공화국이 성립된 이후 펑쩌현에 최초로 부임한 현장 저우밍정周明正이 옛날 도연명이 현령 때 백주를 만들었던 양조장터를 발견하였고, 1957년에 현지의 소규모 양조장을 통합하여 국가가 운영하는 술공장이 세워졌다. 2002년 '타오링주' 공장은 우량예그룹五糧液集團의 만디엔샹滿店香 공장과 합작하여 장시타오링주업주식회사로 이름을 바꾸었다. '타오링' 브랜드의 백주는 품질 좋은 쌀, 보리, 수수, 찹쌀, 옥수수를 주원료 삼아 양조해 향이 진하고 맑은 것이 특징이다.

세 번째 출잔

3
이백의 술과 문학:
영원한 집착과 순간적 초월

🏺 천고의 시선詩仙

술과 달을 좋아하여 술에 취해 달을 따러 강
속에 뛰어들었다가 고래를 타고 하늘로 올라갔다
는 낭만적인 이야기로 볼 때, 현실에서 이룰 수
없는 민초들의 꿈이 이백李白이라는 시인의 자유
롭고 풍부한 상상의 시 세계에 담겨 있다고 할 수
있다.

이백은 스스로 술을 좋아하고 주량이 대단함
을 자랑하였다. 매일같이 마시며 한번 마시면 300잔을 마셨다고 한다. 과
장이 있었다 할지라도 술을 마시는 기세가 남달리 호방하였음은 부정할

수 없는 사실인 듯하다. 누구나 함께 술을 마시면 마음을 쉽게 열어 대화할 수 있고, 또 취하면 평소에 비해 호탕한 언행을 하곤 했다. 더욱이 항상 칼을 차고 다니며 협객임을 자처한 이백이 이러한 생활을 스스로 즐겼음은 말할 나위가 없다. 젊어서부터 술을 좋아하였으며 장안에서 궁정시인 노릇을 하던 시기에는 한량들과 어울리며 취중선醉中仙이란 별호도 얻었다. 또 여러 작품에서 술에 취해 칼을 휘둘러 많은 사람을 죽였다고 호언하기도 했다. 이러한 그의 광언狂言을 사실로 받아들인다면 그는 술에 취해 봉두난발하고 거리를 휘청대며 조금만 비위에 거슬리는 사람이 있으면 시비를 걸고 칼을 휘두르는 술주정뱅이 건달과 다를 바 없다. 실제로 많은 사람이 이백을 그렇게 인식했을지도 모른다. 이백을 그린 초상화에서도 이렇게 묘사된 모습을 흔히 볼 수 있다. 그러나 당대唐代의 엄격한 사회 정치 질서 속에서 살인죄는 극형에 처해졌다는 점을 고려한다면 이백의 말은 술에 취한 호언일 뿐 평소에 추구하던 이상주의·영웅주의의 상징인 협객의 모습을 상상의 세계에서 구현한 것이라고 보아야 할 것이다.

이백이 술로 세월을 보낸 것은 이상과 현실의 괴리로 인한 괴로움을 잊기 위해 선택할 수 있는 가장 쉽고 효과적인 방법이었기 때문이다. 술에 취하는 것 자체가 목적이라면 그것은 지식인의 삶의 태도가 될 수 없으며, 더욱이 문학작품의 소재나 내용이 될 수 없다. 이백 또한 〈술잔을 들고 달에게 묻노라把酒問月〉에서 조조의 그 시구를 원용하기도 하였다. 그러나 술에서 깨어나는 이튿날 아침이면 그 시름이 다시 뇌리에 떠올려질 것은 모두가 아는 사실이다.

🏺 장진주: 술로 집착과 초월을 읊다

당시唐詩를 통틀어 술에 관한 묘사에서 독보적 경지를 확보한 시가 바로 〈장진주將進酒〉이다. 이 시는 이백이 숭산嵩山에 사는 잠훈岑勳과 함께 영양산潁陽山에 은거하는 원단구元丹邱를 찾아갔을 때 지은 작품이다.

> 그대여 아는가
>
> 넘실대는 황하 물결 하늘에서 내려와
>
> 저 바다로 흘러가면 돌아올 수 없음을
>
> 그대여 아는가
>
> 고대광실 거울 앞에 백발을 슬퍼하니
>
> 아침에는 검은 머리 저녁엔 백설임을
>
> 인생살이 득의하면 마음껏 즐길지니
>
> 달빛 아래 금 술잔을 비워두지 마시게
>
> 하늘이 나를 낳아 필히 쓸모 있으리니
>
> 천금을 다 쓴대도 다시 돌아올 것이네
>
> 양을 삶고 소를 잡아 즐겁게 놀아보세
>
> 만났으니 단숨에 삼백 잔은 마셔야지
>
> 잠선생도
>
> 단구생도
>
> 술잔 들어
>
> 놓지 말게
>
> 그대 위해 권주가 한 곡 할 테니
>
> 귀 기울여 내 노래를 한번 들어보시게
>
> 좋은 음악 산해진미 귀한 줄 모르겠고
>
> 오래도록 취하여서 깨지 않길 바라네

그 옛날의 성현들은 모두 가고 없지만

술 잘 마신 사람만 그 이름을 남겼으니

진왕 조식(曹植) 그 옛날에 평락원 잔치에서

천금 주고 한 말 술 들이켜고 즐겼으니

주인장은 어이하여 돈 적다 말하는가

어서 가서 술 사오게 그대와 한잔하세

오화마와

천금 갖옷

동자 불러 좋은 술과 바꿔오라 하시게

내 그대와 더불어 만고 시름 풀리라

작가는 먼저 상상의 날개를 펴서 영양 근처에 있는 황하가 마치 하늘에서 내려와 동해의 큰 바다로 탕탕하게 흘러 들어가 다시는 돌아오지 않는 것만 같다고 과장되게 표현함으로써 시흥을 일으킨다. 끊임없이 도도하게 흐르는 강물과 달리, 자신은 어느새 백발이 성성한 노인이 되었으니 짧은 인생이 슬프기 짝이 없다. 게다가 흘러간 물이 다시 돌아오지 않듯 자신의 젊음 또한 돌이킬 수 없고 그 현실은 야속하기만 하다. 그는 인생의 짧음을 묘사할 때 자신이 늙고 쇠약해졌음을 직접 표현하지 않고, 오히려 "고대광실 거울 앞에 백발을 슬퍼하니"라고 하여 어찌할 수 없는 사실을 그림같이 나타냈다. 그리고 인생의 젊은 시절부터 노년에 이르는 전 과정을 '아침과 저녁'이라는 두 단어로 나타내 인생의 덧없음을 더욱 절절하게 표현하였다.

"인생살이 득의하면 마음껏 즐길지니"에서 모든 슬픔과 유감이 사라지고 '즐거움'으로 바뀌고 있다. 이 구절은 즐거움이 최고조에 이르렀을 때의 느낌을 나타낸 것 같지만, 사실은 자신의 이상을 실현하지 못함에서 오는 실망과 좌절, 분노를 역설적으로 표현한 것으로, 다음 구절 "하늘이 나를 낳아 필히 쓸모 있으리니"와 연결되어 읽는 이로 하여금 찬탄을 불러일으킨다. '쓸모'가 '필히' 있을 것이라는 말은 자부심을 표현한 것이다. 이는 "천금을 다 쓴대도 다시 돌아올 것이네"라는 자부심과 함께 그의 호방한 기질을 보여준다. 이러한 기세는 성대한 연회로 이어져 양을 삶고 소를 잡아 단숨에 삼백 잔을 마시는 호기로움으로 치닫는다. 여기서 그의 감정은 최고조에 이르고 시의 선율 역시 템포가 빨라진다. 흥분 속에 취기가 오르자 돌연 "잠선생도 단구생도 술잔 들어 놓지 말게"라고 목청 높여 술을 권하는데, 이 구절은 시의 리듬의 변화를 풍부하게 할 뿐만 아니라, 술자리의 번화한 장면을 묘사한 것이다. "오래도록 취하여서 깨지 않길 바라네"는 이 순간의 진솔한 마음이다. 술에서 깨어나면 또다시 괴로운 현실을 마주해야 하기 때문이다. "그 옛날의 성현들은 모두 가고 없지만 술 잘 마신 사람만 그 이름을 남겼으니"는 그 자신이 할 일 없음을 나타내며, 이런 적막감에서 벗어나기 위한 유일한 해결책은 술이고, 취하여 깨어나고 싶지 않음은 정신적 괴로움에서 벗어나려는 몸부림이다. 그리하여 조식曹植의 평락원 연회를 빌려와 조비曹조와 조예曹叡에게 미움받아 결국 뜻을 펼치지 못한 채 죽어간 조식을 동정하고 동병상련의 심정을 드러내 보인다.

이러한 비감한 어조와 달리 다음 구절에서는 주흥이 다시 높아진다. 천금을 다 썼으니, 오화마와 천금 갖옷 등 귀중한 보물을 술과 바꿔오라는 호기로움은 이백의 기질을 잘 보여준다. 그리고 "동자 불러"와 "그대와 더불어"는 주객이 전도되는 묘미가 있다. 친구에게 초대받은 사람이 주인 입장에서 명령하니 독자들은 누가 '주인'인지 어리둥절하게 된다. 이어서 "내 그대와 더불어 만고 시름 풀리라"라고 갑작스럽게 마무리한다. "만고의 시름을 풀기" 위해 "단숨에 삼백 잔을 마시고", "오래도록 취하여서 깨지 않길 바라지만" 그의 정신은 취하면 취할수록 맑아졌을지도 모른다. 함께 술을 마시는 사람도 자신의 정신적 고통을 나눌 수는 없었다. 그래서 이백은 달을 벗 삼는다. 술과 달이 어우러진 이백의 많은 작품 중 가장 널리 알려진 시가 〈달빛 아래 홀로 술 마시며月下獨酌〉이다.

꽃 숲속에 한 동이 술을 두고서
벗도 없이 나 홀로 권하고 마시다
잔을 들어 밝은 달 청하여 오니
그림자와 너와 나 셋이로구나
달이야 술 마실 줄 알 리가 없고
그림자 하릴없이 나를 따르네
내 잠시 그림자와 달을 벗하여
때마침 봄놀이를 즐기어보자
노래하면 저 달이 서성거리고
춤을 추면 그림자 비틀거리니
깨어서는 즐거움 나누었는데
취하면 제멋대로 흩어지누나
무정한 그대들과 정을 맺어서
아득한 은하에서 다시 만나리

물상物像의 경계를 넘나드는 이백의 상상력과 자유로운 영혼을 느낄 수 있는 작품이다. 꽃향기에 취해서 홀로 술을 마시는 모습은 매우 아름답고 낭만적인 정경인 듯 보이지만 즐겁지 않고 오히려 적막하고 쓸쓸하다. 가슴속 고뇌를 나눌 수 있는 지기知己가 없기 때문이다. 함께 술을 마셔도 마음을 나눌 사람이 없을 바에야 차라리 허공의 달과 달빛에 비친 그림자를 벗 삼는다. 이백이 아니면 그 누구도 생각해낼 수 없는 기발한 착상이다. 이로써 혼자만의 적막했던 분위기는 셋이 되어 떠들썩한 술자리로 변한다. 그 둘은 말없이 '나'를 지켜보고 '나'는 그들에게 술을 권한다. 그리고 그들과 어울려 춤추고 노래하며 하나가 되는 순간 '만고의 시름'을 잊는 듯하다. 그러나 그들과 맺는 정은 무정한 정이어서 현실세계에서 오래도록 지속되지 못하고 흩어지고 만다. 신선이 되어 하늘나라로 올라가 다시 만나 맑고 잔잔한 은하수에 배 띄우고 즐길 날을 기약할 수밖에 없다. 외롭다가 외롭지 않게 되고, 외롭지 않았다가 다시 외로워진다. 이 무정한 벗으로서 술과 달은 오직 이백만의 술과 달이고 이백만의 시 세계이다.

타이바이주

중국 역사상 가장 유명한 '시선詩仙'이자 '주선酒仙'답게 이백이 남긴 1,000여 수의 시 가운데 170여 수가 술을 소재로 쓴 것이다. 당연히 그의 본명을 붙인 '이백주李白酒'가 많을 것 같은데 오히려 그의 호 '태백太白(타이바이)'을 붙인 백주가 더 많고 유명하다.

'타이바이' 계열의 백주에서 유명한 것은 산시陝西성 메이眉현의 타이바이주업太白酒業이 내놓은 타이바이주太白酒이다. 타이바이주는 원래 태백산太白山에서 그 이름이 지어졌고 이백에 의해 더욱 유명해졌다. 서촉西蜀에서 장안長安으로 가던 이백이 태백산을 넘으면서 금거진金渠鎭에 머물게 된다. 그날 밤 이백은 현지에서 만든 술을 마시면서 지나온 여정과 인생의 고난을 회상하며 붓을 들었는데, 이때 탄생한 시가 바로 〈촉도난蜀

道難〉이다. 이후 당시 장안에서 유명한 선비였던 하지장賀知章이 이 시를 읽고 이백을 '인간세계로 쫓겨온 신선'이라 칭찬하였다. 후에 사람들이 태백산에 이백을 기념하는 태백묘太白廟를 세우고, 그가 마셨던 술을 '타이바이주'라고 불렀다.

충칭스시엔타이바이주업重慶詩仙太白酒業이 내놓은 '스시엔타이바이詩仙太白'는 창장長江 지역을 여러 차례 방문했던 이백이 이 지역 술맛에 반한 것을 기념하며 이름 붙인 백주이다. 이백의 무덤이 있는 안후이성의 마안산馬鞍山시에서 만드는 '타이바이쟈오즈太白嬌子'도 이백의 호에서 명명된 백주이다.

4 구양수의 술과 문학: 잔치의 환락과 산수의 즐거움

🏺 각성의 개혁 투사

구양수歐陽修는 네 살 때 병으로 아버지를 잃고 어머니를 따라 숙부가 살고 있는 후베이성의 수주隨州로 이사를 갔다. 그의 어머니는 아들을 공부시키고 싶어 했지만 가난하여 지필묵을 살 돈조차 마련할 수 없었다. 그래서 집 앞의 늪가에서 자라는 갈대를 붓으로 삼고 모래를 종이로 삼아 아들에게 글을 가르쳤다. 어머

니의 가르침 덕에 구양수는 어렸을 때부터 글 읽기를 즐겼다. 성인이 되어 진사과에 응시해 장원으로 급제하면서 관직생활을 시작하였다.

낮은 관직에도 직언으로 간하기를 서슴지 않았던 구양수는 범중엄范仲淹의 개혁정치를 지지하는 발언을 해서 조정 고관들의 미움을 사게 되었다. 구양수와 범중엄이 조정을 개혁하고 인사제도를 바꾸며 새로운 인재를 선발하려고 했기 때문이다.

개혁에 반대하는 보수파들은 구양수의 외손녀 장張씨가 위법한 사실을 꼬투리 삼아 그를 하옥하려 했다. 그런데 그 후에 진상이 밝혀졌는데도 그를 안후이성 저주滁州로 좌천시켰다. 저주는 사면이 산으로 둘러싸인 경치가 수려한 고장이었다. 파란만장한 정치투쟁의 현장에서 벗어나 저주로 온 구양수는 여가가 나면 저주 주변 산수를 유람하며 자연의 아름다움을 즐겼다. 구양수는 여러 차례 파란과 부침을 겪었지만 어떤 처지에 놓여도 스스로 저력을 발휘하고 분발하여 정진하였다. 그는 타협하지도 물러서지도 위축되지도 않는 깨어 있는 정신을 지녔기에 저주에서 산수의 즐거움을 누릴 수 있었다.

취옹정기: 술에 산수와 낙도를 담다

송나라 인종仁宗 경력慶曆 6년1046년, 구양수는 저주로 폄적당한 지 1년이 지나 그의 나이 40세 때 낭야산瑯琊山을 유람하며 〈취옹정기醉翁亭記〉를 지었다. 첫 단락은 취옹정의 위치와 주변 경관의 묘사로 시작한다.

> 저주(滁州)는 모두 산으로 둘러싸여 있다. 서남쪽에 있는 모든 봉우리는 수풀과 구릉이 특히 아름답다. 멀리서 바라보면 무성하여 대단히 아름다운 곳이 바로 낭야산(瑯琊山)이다. 산길을 육칠 리 걸어가면 졸졸 흐르는 물소리가 점점 크게 들리는데, 두 개의 봉우리 사이에서 솟아나 뿜어 나오는 샘으로 양천(釀泉)이다. 봉우리가 굴곡

을 이루어 구불구불한 산길을 돌아가니, 샘 위에 날개를 펼친 듯한 정자가 하나 서 있는데, 바로 취옹정(醉翁亭)이다. 정자를 만든 자는 누구인가? 산에 사는 승려 지선(智仙)이다. 정자에 이름을 붙인 자는 누구인가? 태수가 그렇게 지어 불렀다. 태수는 객과 함께 이곳에 와서 술을 마시는데, 조금만 마셔도 바로 취하고, 나이가 또 제일 많은지라 스스로 취옹(醉翁)이라 하였다. 취옹의 뜻은 술에 있지 않고 산수에 있다. 산수의 즐거움을 마음으로 깨달아 술에 담는다. (중략)

양천 샘물로 술을 빚으니 샘물이 향기로워 술이 맑다. 산에서 나는 채소와 안주를 이것저것 차려놓은 것은 태수가 잔치를 베푸는 자리이다. 잔치를 즐김에 음악은 없다. 활을 쏘아 과녁을 맞추고, 바둑을 두어 이기며, 술잔이 왔다갔다하고, 일어서서 또는 앉아서 떠들썩하니 여러 손님이 즐거워한다. 그들 가운데 파리한 얼굴에 하얀 백발로 술에 취한 자가 태수이다.

석양이 지니 사람들의 그림자 어지러이 흩어지는데, 태수가 돌아가니 빈객이 따른다. 나무숲이 어둑어둑해지고 새소리가 산과 골짜기에 울려 퍼진다. 노닐던 사람들이 가버리니 새들이 즐거워한다. 그러나 새들은 산림의 즐거움은 알지만, 사람들의 즐거움은 알지 못한다. 사람들은 태수를 따라 노닐고 즐길 줄은 알지만, 태수가 그들의 즐거움을 즐기는 것을 알지 못한다. 취하면 사람들과 즐거움을 함께할 수 있고, 술에서 깨어나면 그런 것들을 글로써 서술할 수 있는 사람은 태수이다. 태수는 누구인가? 여릉(廬陵)의 구양수(歐陽修)이다.

모함을 받아 좌천당했으므로 그의 가슴속에 울분이 없을 수는 없을 것이다. 그렇다고 구양수가 도연명이나 이백처럼 술에 취해 가슴속의 괴로움을 풀 위인은 아니었다. 10년 전 범중엄을 지지했다는 이유로 이릉夷陵현령으로 좌천되었을 때, 그는 같은 사건으로 좌천되었던 윤사로尹師魯에게 편지를 보내 좌천당하였다고 하여 직무에 충실하지 않고 세상을 조롱하고 술에 취해 세월을 보내는 사람들을 비판했기 때문이다. 그런데 10년이 지난 지금 술을 마시며 왜 스스로를 '취옹', 즉 '술 취한 늙은이'라고 불렀을까? 그 이유는 "조금만 마셔도 바로 취하고," "취옹의 뜻은 술에 있지 않고 산수에 있다. 산수의 즐거움을 마음으로 깨달아 술에 담는다"고 한 말에 숨어 있다. 조금만 마셔도 바로 취한다는 말은 주량이 적다는 의미가 아니다. 그 의미는 작품 말미에 가서야 알 수 있다. 저주는 지역적으로 외지고 작은 고을이라 업무가 단순하였다. 부임 후 1년간 성실히 직무를 수행하여 백성들이 풍요롭고 즐거운 삶을 누리게 되자, 산수를 유람할 여유가 생겼다. 그리고 지역 인사들도 그와 어울리기를 좋아하여 함께 취옹정에 올라가 연회를 열었다. 연회석상에 참석한 이상 어울려 술을 마시지 않을 수 없었지만 그는 술에 뜻이 있지 않고 산수의 즐거움에 뜻이 있다고 한다. '서남으로 뻗어 있는 산봉우리들', '수려하고 울창한 숲', '졸졸 흐르는 샘물', '새의 날개처럼 펼쳐져 있는 정자' 등은 분명히 아름다운 경관이지만, '산수의 즐거움'은 단순히 자연경관의 아름다움을 즐긴다는 의미가 아니다.

연회에 참석한 사람들은 맛있는 음식을 먹고 향기로운 술을 마시면서 시끌벅적하게 유흥을 즐긴다. 놀이를 하면서 이긴 자는 펄쩍펄쩍 뛰며 기뻐하고 진 자는 고개를 떨구고 낙심하며 벌주를 마신다. 시간이 지나면 사람들은 술에 취해 환락에 빠진다. 이 모습을 '손님들의 즐거워함'이라고 표현하였으나, 이는 구양수가 말하는 즐거움이 아니다. 산수의 즐거움은 이 환락의 연회에서 벗어나야만 얻을 수 있다. 그렇다고 연회석상을 떠날 수는 없다. 연회석상을 떠나면 자신이 그들과 다르다는 것을 공표하여 위화감을 조성하는 결과를 낳는다. 구양수는 남들에게 잘난체하는 모습으로 비춰지기를 원하지 않았다. 그래서 술 몇 잔에 취한 체하면서 정자 난간에 비스듬히 몸을 기대고 눈을 감는다. 눈은 감았지만 정신은 우주자연을 만난다. 술에 취함은 사람들 속에서 사람들과 어울리면서 사람들과 거리를 두는 방법이었다. 마지막 단락에서는 '즐거움'의 수준을 정리한다.

시끌벅적하게 연회를 즐기던 사람들이 날이 저물어 산을 내려간다. 사람들의 시끄러움에 묻혀 그동안 들리지 않던 새소리가 들린다. "노닐던 사람들이 가버리니 새들이 즐거워한다"는 말은 산새들은 산수의 즐거움을 알지만 동행한 사람들은 산수의 즐거움을 모르고 새들의 즐거움을 해쳤다는 뜻이다. 사람들은 사회를 이루어 '이기고 짐', '얻음과 잃음'에 얽매어 살 뿐 우주자연의 도를 깨닫고 그 도와 함께 살아가는 즐거움을 모른다. 산새들은 산수를 즐기는 본능은 있지만 인간사회와 사람들의 삶은 모른다. 오직 구양수 자신만이 우주자연과 인간사회를 관통하는 '도'를 깨닫고 그 도와 함께 사는 즐거움을 누린다. 술에 취함은 사람들과 어울리면서도 사람들과 거리를 두고 '도를 즐기기樂道' 위한 방편이었던 것이다.

🏺 쟈포주

구양수는 술에 관심이 많았고 술과 인연이 깊었다. 구양수가 허난성 활주滑州에서 통판通判을 지낼 때 빙당주冰堂酒를 만든 적이 있다. 구양수가 만든 빙당주를 맛본 당시 재상 한기韓琦, 시인 소식蘇軾과 황정견黃庭堅은 술맛을 극찬했다.

구양수와 술의 인연은 그의 아들과 손자들이 대를 이어 술과 관련된 관직을 지낸 것에서도 찾아볼 수 있다. 구양수의 둘째 아들 구양혁歐陽奕은 직위는 낮았지만 궁중에서 술의 양조와 보관을 관리하는 일을 담당했다.

넷째 아들 구양변歐陽辨은 전주灃州에서 술을 관리하는 벼슬을 지냈으며, 손자 구양서歐陽恕도 화주華州에서 술 세금을 관리하는 관직을 지냈다.

평소 술을 좋아하고 술로 즐거움을 행하며 시와 사를 쓴 구양수에게 술은 감정을 고양하는 촉매제였다. 하지만 직접적으로 구양수 이름이 붙여진 술은 찾아보기 어렵다. 구양수와 관련된 술로는 그가 극찬했다는 '쟈포주焦陂酒'를 들 수 있다. 구양수는 일찍이 쟈포焦陂(초피) 지역을 여덟 차례나 방문했고 이 지역 술과 음식에 특별한 호감을 가졌다. 이에 〈초피를 기억하며憶焦陂〉 등 초피 지역과 관련된 시를 다수 남겼다.

양조 역사가 유구한 쟈포의 양조장은 1970년대 정식으로 쟈포주창焦陂酒廠이 되었고 안후이성 상업청 직속의 백주기업이 된다. 이후 쟈포 지역과 구양수의 역사적 인연을 강조하며 상품을 개발하고 홍보하면서 '쟈포따취焦陂大曲'와 '쟈포터취焦陂特曲'가 일시에 유명해졌고, 특히 쟈포따취는 허난河南·산둥山東·장쑤江蘇 등의 백주 시장을 장기간 점유하고 있다.

5

소식의 술과 문학:
인생의 덧없음과 영원한 삶

🏺 천년의 문화 거인

소식蘇軾은 쓰촨성 메이산眉山에서 태어났다. 명문집안은 아니었지만 그런대로 부유했던 지주 가문이었다. 21세에 동생 소철蘇轍과 함께 진사과에 급제했다. 이듬해에 예부禮部에서 주관하던 2차 시험에 합격했는데 당시 시험관이 구양수歐陽修였다. 구양수는 소식의 답안을 읽고 "이제 이 늙은 이의 시대는 가는구나! 30년이 지나면 아무도 구양수라는 이름을 말하지 않게 될 것이다"라며 격찬했다고 한다. 최종 관문인 전시殿試에서는 인종 황제가 "짐의 자손에게 봉사할 재상감을 얻었다"

며 기뻐했다는 이야기가 전해진다. 이후 조정은 왕안석王安石을 중심으로 하는 '신법당'과 사마광司馬光을 중심으로 하는 '구법당'으로 나뉘었다. 소식은 이 중에서 구법당에 속한다고 할 수 있으나, 사마광 등과 달리 제도 개혁의 필요성 자체는 인정하는 편이었다. 소식은 조정에서 왕안석의 신법당과 갈등을 겪고 자발적으로 경사를 떠나면서 중용되지는 못했다. 또 정쟁에 휩쓸리면서 크게 세 차례 남방으로 좌천되기도 했다.

문학가로서 소식은 평생 수많은 시와 산문을 창작하여 무수한 사람을 감동시킨 문단의 천재였다. 그는 서예와 그림에 재능이 뛰어났고 다도에도 정통했으며 미식가로도 유명하다. 소식은 일생 중 후베이성 황주黃州, 광둥성 혜주惠州, 하이난海南성 담주儋州에서 가장 힘든 시기를 보냈다. 하지만 이 시기에 오히려 고통을 초월하고 달관하게 되면서 천고불후의 문학가, 철학가, 사상가로 거듭난다. 소식은 중국 문학 역사상 만능의 빛나는 인재이고 중국 전통 사대부의 모범이며 인간적으로 소탈하고 대범한 매력을 지녔다. 그의 자유와 달관의 정신은 천 년을 뛰어넘어 오늘날에도 중국 문화의 한 경지를 구현하며 그를 중국 문화사의 거인으로 평가받게 하고 있다.

🫖 적벽부: 술로 자유와 달관을 깨우치다

북송北宋 신종神宗 원풍元豊 2년1079년, 소식은 왕안석의 신법新法을 반대한 일로 황주의 단련부사團練副使로 좌천되었다. 3년 후 그는 두 차례에 걸쳐 황주 밖의 적벽赤壁을 유람하며 〈적벽부赤壁賦〉를 지었다.

임술년 가을 음력 칠월 16일, 소자(蘇子, 나)가 객과 더불어 배를 띄워 적벽 아래를 유람하니, 맑은 바람 솔솔 불어오고 물결은 잔잔한

데, 술잔 들어 객에게 권하면서 〈명월〉 시를 읊조리고 요조 장을 노래하네. 이윽고 둥근달이 동산 위로 떠올라서 남두성과 견우성 사이에서 배회할 제, 흰 이슬은 강을 덮고 물빛은 하늘에 맞닿았네. 일엽편주(一葉片舟) 제 가는 대로 띄워두고 만경창파(萬頃蒼波)에 몸을 맡기니, 드넓은 허공에서 바람 타고 가는 듯이 멈출 바를 모르겠고, 가벼운 몸이 이 세상을 벗어나 저 홀로 날개 돋아 신선이 된 듯하네.

이리하여 술 마시니 자못 즐거워져 뱃전을 두드리며 노래하네. "계수나무 저 노로 모란 배를 저으며 달빛 어린 강물을 거슬러 오르노니, 이 내 마음 아득히 천애일방(天涯一方) 저 먼 곳의 미인을 그리노라." 객 중에 퉁소를 부는 이가 노랫가락에 맞추어 곡을 넘기니, 그 소리가 구슬픈데 한스러운 듯 사모하는 듯, 흐느끼는 듯 하소연하는 듯, 여음(餘音)이 버들가지처럼 휘늘어지더니 뽑혀 나오는 명주실처럼 끝이 없으니, 깊은 골짜기 잠룡(潛龍)이 춤을 추고 외로운 배 과부가 흐느끼네.

소자가 비감하여 옷깃을 여미고 자리를 고쳐 앉아 객에게 묻는구나. "어찌하여 곡조가 이토록 슬프시오?"

객이 답하네. "'달이 밝아 별 성긴데, 까막까치 남으로 날아가네' 이는 조맹덕[2]의 시가 아니오? 서쪽으로 하구를 바라보고 동쪽으로 무창을 바라보니 울울창창 산과 강이 둘렀는데, 여기가 바로 조맹덕이 주랑에게 곤욕을 당한 곳이 아니겠소? 바야흐로 형주를 격파하고 강릉으로 내려가 물길 따라 동쪽으로 내려오니, 전선(戰船)이 천 리에 이어지고 깃발은 하늘을 가렸는데 강을 보며 술 따르고 창 누이고 시

---

2 맹덕(孟德)은 조조의 자(字)이다.

한 수를 읊조리니, 진실로 한 시대의 영웅이건만 지금은 어디에 있소! 하물며 강가에서 고기 낚고 나무하며, 물고기·새우와 동무하고 고라니·사슴을 벗 삼는 나와 그대는 말할 나위 있겠소. 일엽편주 띄워 두고 표주박 술잔 들어 서로에게 권해보세. 천지간에 하루살이 인생을 의탁하니, 아득한 창해의 좁쌀 한 톨 같은지라, 짧디짧은 이 한평생 애처롭고 끝이 없는 장강 물결 부럽다오. 신선을 붙들고서 하늘을 날며 놀고 밝은 달과 어우러져 오래 함께 살고프건만, 그리할 수 없다는 걸 내 이미 알기에 못다한 내 마음을 슬픈 가을바람에 퉁소소리로 실어 보낸다오."

소자가 말한다네. "그대는 저 물과 달을 아시오? 흘러감이 이러하나 다 흘러간 적이 없고, 저와 같이 차고 또 기울지만 커지지도 작아지지도 않는다오. 변하는 관점으로 살펴보면 천지가 한순간도 변하지 않을 수 없지만, 변하지 않는 관점으로 살펴보면 만물과 내가 모두 다함이 없으니 또 무엇을 부러워하오? 천지간의 만물에는 각기 주인이 있으니, 내 소유가 아니라면 한 오라기 털이라도 취할 바가 아니라오. 오직 강 위의 맑은 바람과 산 위에 뜬 밝은 달은, 귀로 들으면 소리가 되고 눈으로 보면 색이 되니 취하여도 말릴 이 없고, 즐겨도 다함이 없으니, 조물주의 다함이 없는 보물이고 나와 그대가 함께 누릴 바라오."

객이 기뻐 웃고서는 잔을 가져 다시 술을 따르네. 안주는 다하였고 술잔과 쟁반들은 어지러운데, 배 안에서 서로 베개 되어 동녘이 이미 밝은 줄을 알지 못하네.

사실 소식이 유람한 적벽은 삼국三國시대 주유周瑜가 조조曹操를 격파한 그 적벽이 아니다. 그 적벽은 지금의 후베이성 쟈위嘉魚현 동북쪽에 있다.

소식은 그 이름을 빌려 자신의 감회를 토로하였다. 첫 단락은 손님과 적벽 아래 강물에 배를 띄우고 뱃놀이하는 장면으로 시작한다.

　때는 아직 뜨거운 여름의 열기가 남은 음력 7월 초가을인데 밤이 되니 맑고 시원한 바람이 살랑살랑 불어오고 하늘엔 보름달이 휘영청 밝다. 손님과 술 한 잔에 노래 한 곡조 뽑으니 달빛도 곡조에 맞춰 춤을 추고 안개가 자욱한 물빛은 하늘빛과 하나가 된다. 이 순간 좌천당한 시름은 씻은 듯이 사라지고 마음은 즐겁기만 하다. 나뭇잎 같은 조각배를 드넓은 강물결에 맡기듯 우주자연의 이치에 나를 맡기니, 배는 하늘을 바람 타고 나는 듯이 가볍고 내 몸도 겨드랑이에 날개가 돋아 신선세계로 날아오르는 듯 마음이 자유로워진다.

　다시 술 한 잔을 마시고 즐거운 마음으로 노래 한 곡조 뽑는데 한 손님이 곡조에 맞추어 퉁소를 분다. 퉁소소리가 너무 슬퍼서 그 연유를 물어본다. 손님은 삶이 짧음을 느껴서 슬프다고 한다. 오늘 적벽 아래에서 배를 띄우고 술 한잔을 하니, 옛날 적벽대전을 치를 당시의 조조와 주유가 생각난다. 그들은 한 시대의 영웅이었지만 지금은 한 줌의 흙이 되어 더 이상 이 세상에 존재하지 않는다. 하물며 우리같이 미미한 존재는 말할 나위 있겠는가! 영원한 자연에 비해 우리 삶은 찰나처럼 짧고, 무한한 자연에 비해 우리 존재는 너무 작아서 슬퍼하지 않을 수 없다는 것이다.

　이 말에 소식은 변화와 변하지 않음의 이치로 답한다. 달은 한 달에 한 번 보름달로 차고, 보름달로 차는 그 순간 이지러지기 시작한다. 한순간도 변하지 않는 순간이 없다. 그러나 천년만년 전에도 달은 한 달에 한 번 차고 기울었고 지금도 차고 기울며 천년만년 후에도 변함없이 한 달에 한 번 차고 기울 것이다. 달의 차고 기욺에는 변화와 불변이 통일되어 있다. 강물은 매 순간 흘러간다. 어제의 강물은 흘러갔다. 그래서 오늘의 강물은 어제의 강물이 아니다. 그리고 내일은 다시 오늘의 강물이 아닌 내일의 강물이 흐를 것이다. 이렇게 강물은 끊임없이 변한다. 그러나 그 강은 어제도 흘렀고 오늘도 흐르고 내일도 흐를 것이다. 아니 천년만년 전에도 흘렀고 지금도 흐르고 천년만년 후에도 변함없이 흐를 것이다. 따라서 강물의 흐름에도 변화와 불변이 통일되어 있다.

다시 말하자면, 만물은 한순간도 쉬지 않고 변화하지만 또 변화하지 않는다. '나'는 음과 양의 기氣가 특수한 형태로 결합된 존재이고, 죽음은 그 음과 양의 기가 본래 모습으로 돌아가는 것일 뿐이다. 이 이치를 깨달으면 나의 생명에 대한 집착마저도 버릴 수 있다. 깨달음을 얻은 손님과 소식은 즐거운 마음으로 잔뜩 취하여 어지러운 술판 옆에서 서로를 베개 삼아 잠을 잔다. 날이 밝아도 깨어나지 않는 이들의 흐트러진 모습은 정갈한 사대부의 몸가짐이 아니라 마치 세상의 모든 규범과 제약을 벗어 던진 듯한 모습이다. 변화와 불변의 통일을 깨닫고 세상의 모든 것, 생명에 대한 집착마저도 버리고 정신적 자유를 얻음이 소식의 술에 취함이다.

🫖 쑤둥포주

중국 문화사의 걸출한 인재 소식은 맛있는 음식과 술을 즐긴 것으로 유명하다. 소식은 평소 부귀와 명예가 술 한잔만 못하다 여겼고 술을 직접 빚기도 했기 때문에 술문화에서 그의 이름이 빠질 수 없다. 소식이 쓴 것으로 알려진 사詞 300여 수에서도 '酒'자는 90여 차례나 등장한다. 향기로운 술은 바로 소식 문학창작의 연료이고 넘치는 문예 재능을 타오르게 한 촉매였다.

소식이 술을 마실 때마다 뱉어내는 것은 고금에 회자되는 명문장이었다. 그에게 술은 스스로를 자유롭게 하는 정신적 촉진제였다. 또한 수차례 귀향을 가서 현지 백성들과 어울려 함께 술을 마시며 교류하였으니, 술은 소식과 백성 간의 간격을 좁혀주는 다리 역할도 하였다. 이와 관련하여 중국 민간에 전해오는 전설이 있다.

소동파가 하이난 담주로 귀향 갔을 때, 진주를 생산하는 곳에 구경을 간 적이 있다. 여기서 진주를 캐는 노인을 만나 한담을 나누다 노인의 초대로 함께 술을 마시게 되었다. 술자리가 무르익고 소식이 마음에 든 노인은 죽통 속에 감춰둔 품질 좋은 진주를 꺼내 소식에게 보여주었다. 이때 세금으로 진주를 받으러 관리가 나왔고 노인은 다른 죽통 속의 진주를 꺼내주었는데 소동파가 보기에 품질이 좋지 않았다. 소동파는 노인의 품질 좋은 진주를 관리에게 뺏길까 걱정하여 급히 진주를 술병 속에 넣었다. 관리가 떠난 후 두 사람은 다시 한담을 나누며 술을 마셨는데 술이 좀 전보다 향이 짙고 좋다고 느꼈다. 소동파는 뜻밖에 진주술을 발견하게 되었고 이 진주술은 소동파의 명성을 업고 남방을 비롯한 중국 각지로 전해졌다.

오늘날 중국에서는 '소동파蘇東坡(쑤둥포)'라는 그의 호를 붙여 명명한 술이 유명하다. 대표적으로 소식의 고향인 쓰촨성에 있는 싼쑤주업주식회사三蘇酒業有限公司에서 내놓은 '쑤둥포' 브랜드의 백주를 들 수 있다. 이 회사의 이름과 술 브랜드는 소식과 소식의 아버지 소순蘇洵, 소식의 동생 소철蘇轍을 가리키는 '삼소三蘇(싼쑤)'에서 유래한 것이다. 소식의 무덤이 있는 허난성의 허난둥포주업河南東坡酒業에서도 소식의 호를 명명하여 '둥포주東坡酒' 브랜드 백주를 생산하고 있다.

알아두면 쓸데 있는 성어

■ **굉주교착**觥籌交錯

송대 문인 구양수歐陽修는《취옹정기醉翁亭記》에서 연회 장면을 다음과 같이 묘사하였다.

활 쏘는 자들은 과녁을 맞히려 하고, 바둑을 두는 자는 이기려 하며, 큰 쇠뿔 잔과 잔을 세는 셈 막대기가 어지럽게 뒤섞여 있고, 일어났다 앉았다 시끌시끌한 것은 모인 손님들이 다 같이 즐거워하는 것이다.

'큰 쇠뿔 잔과 잔을 세는 셈 막대기가 이리저리 섞여 있다'라는 뜻의 굉주교착觥籌交錯은 여럿이 모여 시끌벅적 술을 마시는 흥겨운 분위기를 비유한 것이다.

옛사람들도 여러 가지 방식으로 술자리의 흥을 돋우는 벌주 놀이를 했다. 벌주는 술을 권하는 또 다른 방식으로 즐겁게 마시고 마음껏 즐기기 위한 것이다. 활을 쏘고, 바둑을 두고, 주제나 운을 띄워 시를 짓게 하고, 돌아가면서 시 구절을 읊는 옛사람들의 흥겨운 술자리 풍류를 엿볼 수 있다.

동물의 뿔, 청동 등으로 만든 고대의 술잔 굉觥

술 마시기 놀이에서 벌주를 세는 막대기 주籌

네 번째 술잔

술, 이야기를 빚다

중국에서 술의 역사는 매우 오래되었다. 역사 속에서 무르익은 중국술은 중국 문학가의 영감을 자극하며 창조적인 구상과 창작에 큰 영향을 주었다. 격동의 시대와 파란만장한 인생, 시공간의 특유한 문화를 빚어내는 것이 소설이라면, 그 안에서 술은 시대의 흥망성쇠와 인생의 희로애락을 이 모양 저 모양으로 잘도 빚어낸다. 중국을 대표하는 작가들의 대표작품에서 술 이야기를 들어보자.

소설 《삼국지》: 영웅들의 술

   《삼국지三國志》는 중국 서진西晉시대에 진수陳壽가 쓴 역사서로 중국의 위魏·촉蜀·오吳 삼국시대 90년 역사를 인물 전기 중심으로 편찬한 책이다. 소설 《삼국지》는 진수의 역사서 《삼국지》에 서술된 역사를 바탕으로 전해오는 이야기를 명대明代의 나관중羅貫中이 장회소설 형식으로 재구성한 장편소설 《삼국연의三國演義》를 말한다. 《수호전水滸傳》, 《서유기西遊記》, 《금병매金瓶梅》와 함께 4대기서四大奇書로 불리는 소설 《삼국지》는 동양에서는 천 년의 베스트셀러라 할 수 있다.

   소설 《삼국지》에는 영웅적 인물들이 술로 대사를 도모하고 술로 출세를 하고 술로 망한다. 술은 교류와 사교의 필수품이고 권력투쟁과 이권확보의 연결고리로 표현된다. 중국인이 천 년 넘게 사랑해온 소설 《삼국지》의 명장면과 영웅적 인물을 중심으로 중국인의 술을 살펴보자.

🥃 도원결의와 술: 도모와 맹세

《삼국지》에서 떠오르는 명장면은 바로 도원결의桃園結義일 것이다. 《삼국지》 1회의 이야기는 황건적을 토벌할 의병을 모집한다는 공고문으로 시작한다. 한漢나라는 헌제獻帝 이후 점차 국운이 기울어 마침내 삼국으로 나뉜다. 특히 영제靈帝 이후 환관의 전횡으로 조정이 날로 어지러워지고 각종 천재지변으로 민심이 흉흉하며 도처에서 반란군이 창궐한다. 장각張角은 정국의 혼란을 틈타 황건적의 난을 일으키고 파죽지세로 관군을 공격한다. 황건적을 토벌하기 위해 유주幽州 태수 유언劉焉은 의병을 모집하는 공고문을 내건다.

이 공고문은 돌고 돌아 당시 탁군涿郡에 걸렸다. 한나라 황실의 후손으로 탁군에 살던 유비劉備가 공고문을 보며 장탄식을 하는데, 마침 뒤에서 한 사람이 큰 소리로 물었다. "대장부가 국가를 위해 힘쓰려 하지 않고 무슨 일로 탄식만 합니까?" 유비가 돌아보자 8척 신장에 턱이 둥글고 넓적하며 수염이 덥수룩한 남자가 서 있었다. 그 남자는 탁현에 살면서 술과 돼지고기를 팔아 재산깨나 모은 장비張飛였다. 유비는 장비에게 황건적을 물리치고 백성을 편히 살게 하고 싶은 뜻이 있는데 능력이 없다고 한탄하였다. 장비는 자신에게 자금이 좀 있으니 마을의 용사들을 모집하여 유비와 함께 대사를 도모하고 싶다고 말했고, 두 사람은 자연스레 주막으로 들어갔다.

그때 한 사내가 주막 안으로 들어와 의병을 모집하는 성으로 가야 하니 빨리 술을 가져오라고 소리쳤다. 이 사내는 바로 관우關羽였다. 유비와 장비가 백성을 위해서 황건적을 토벌하려는 자신들의 뜻을 전하자, 관우는 기뻐하면서 함께 대사를 논의했다. 장비는 "내 사유지 뒤에 도원桃園, 복숭아밭이 있는데 복사꽃이 활짝 피어 있습니다. 내일 도원에서 제사를 지내고 천지에 고한 후 우리 세 사람이 함께 결의하고 한마음으로 협력하여 대사를 도모합시다"라고 제안했다.

다음 날 세 사람은 도원에서 소와 말 등 제물을 준비해 향을 피우고 두 번 절한 뒤 결의하여 형제가 되었음을 하늘에 고하였다. 이어서 "한날한시에 태어났기를 바라지 않고 오로지 한날한시에 죽기를 원합니다. 하늘이여 땅이여, 이 마음을 진실히 살피시어 배은망덕한 자는 하늘과 사람이 같이 주살하소서!"라고 맹세했다. 맹세가 끝난 뒤 서로 절하고 유비는 첫째, 관우는 둘째, 장비는 막내가 되었다. 천지에 제사를 지내고 나서 소를 잡고 술을 준비하여 마을에서 병사를 모으니 300여 명이 모여들었다.

장비는 유비의 훌륭한 품성을 알아보았고, 유비는 장비가 자신의 지향을 이해하고 도와줄 것이라 생각하여 함께 대사를 도모하고자 술자리를 만들었다. 거기서 관우를 만났고 세 사람은 곧 의기투합하여 도원결의까지 이어졌는데, 결투를 하든 결의를 하든 처음과 끝은 항상 술잔을 들어야 하는 법이다. 그래야 일이 일사천리, 속전속결로 진행된다. 세 사람은 대사를 도모하기 위해 술잔을 들어 의형제를 맺으며 굳은 언약을 하고, 도원에 모인 의병 300여 명과 함께 술잔치를 벌인다.

춘추전국春秋戰國 시기에 군왕들이 정략적인 관계를 유지하기 위해 피를 나눠 마시며 혈맹을 맺고 하늘에 맹세한 것은 오랜 전통이었다. 도원결의에서 마신 술이 혈주인지 그냥 술인지는 분명하지 않으나 지향이 비슷하여 의기투합하는 사람들이 의식이나 약속을 통해 의형제를 맺으면 서로 도와주고 협력하는 일이 흔했다. 이러한 관습은 지금도 여러 형태, 여러 목적으로 중국인의 '관계' 맺기로 전해지고 있는데, 이는 유비·관우·장비를 숭배하고 그들의 도원결의를 모방한 데서 유래한다. 반드시 술을 나눠 마시는 것은 혈연처럼 끈끈한 관계를 다짐하면서 서로의 진심을 확인하기 위함이다.

요즘은 편리하게도 이런 때 분위기에 어울리는 맞춤형 술이 준비되어 있다. 시장에는 '도원결의'를 상품명으로 한 다양한 술이 출시되어 있는데, 백주로는 구이저우의 차오디주업주식회사曹帝酒業有限公司에서 생산한 '타오웬싼제이주桃園三結義酒'와 네이장内江시의 싼궈주업주식회사三國酒業有限公司에서 내놓은 '타오웬제이주桃園結義酒'가 유명하다. 또 맥주 브랜드 칭다오맥주青島啤酒에서도 도원결의맥주가 출시되어 인기를 얻었다.

칭다오맥주의 도원결의맥주 광고

🏺 관우와 술: 영웅의 탄생을 알리다

《삼국지》 5회를 보면 유비·관우·장비 삼형제가 황건적을 토벌하고자 북평北平의 태수 공손찬公孫瓚 휘하에 들어간다. 당시 조조를 비롯한 여러 제후는 원소를 맹주로 세워 연합군을 결성하였고, 손견孫堅이 선두로 출정한다. 동탁이 연합군의 출정 소식을 듣고 놀라자 여포呂布가 연합군에 맞서겠다고 하는데, 화웅華雄이 나서서 자신이 여포를 대신해 연합군을 물리치겠다고 호언장담한다. 화웅은 장수 다섯 명을 데리고 연합군 진영으로 달려갔고, 연합군 장수 포신鮑信을 베고 많은 병사를 포로로 잡는다. 이에 손견이 맞서서 화웅의 부하 호진胡軫을 무찌른 후 원술袁術에게 군량을 요청하였으나 원술은 무시하였고, 손견은 화웅 군사의 습격에 겨우 몸만 피한다.

　손견의 군대를 대파한 화웅은 철갑옷을 입은 기병을 이끌고 연합군 군영 바로 앞까지 와서 싸움을 도발한다. 이에 원소가 유섭俞涉을 출마시켰으나 3합도 싸우지 못하고 화웅에게 목숨을 잃는다. 원소가 다시 반봉潘鳳을 보내어 대적하게 했으나 반봉 또한 화웅의 칼에 죽는다. 이때 한 사람이 나서서 화웅의 머리를 베어오겠다고 큰소리치는데 바로 관우였다.

"9척 신장에 수염 길이는 두 자가 넘고, 봉황의 눈매에 누에 눈썹이 짙은 그의 얼굴은 무르익은 대춧빛이며 목소리는 마치 쇠북을 울리는 듯했다"라는 묘사는 관우의 영웅적 인물 형상을 잘 표현하고 있다. 일개 궁수 신분의 관우가 나서자 원술은 크게 꾸짖었으나, 조조는 관우의 용기와 지략을 알아보고 그를 보내는 데 찬성한다. 관우가 강한 자신감을 보이자 조조는 따뜻한 술 한 잔을 따르게 하여 관우에게 주며 마시고 나서 말을 타라고 하지만, 관우는 "술잔을 잠시 그대로 놓아두십시오. 돌아와서 마시겠습니다"라고 말하더니 청룡도를 들고 몸을 날려 말에 오른다.

잠시 후, 밖에서 북소리와 함성이 천지를 진동하자 놀란 사람들이 내막을 알아보려는 찰나, 관우의 말이 말방울을 울리며 군영에 도착한다. 관우는 손에 화웅의 머리를 들고 와서 땅에 던졌는데, 조조가 따라놓은 술은 그때까지 식지 않고 따뜻했다. 후세 사람들은 "위엄이 천지를 진압한 제일 공훈, 군문의 북소리 둥둥 울릴 때로다. 관운장이 술잔 놓아둔 채 용맹을 떨쳐, 그 술이 식기도 전에 화웅의 목 베었더라"고 하며 관우의 공로를 칭송했다. 이것이 바로 소설 《삼국지》에서 유명한 '관우가 술이 식기 전에 화웅의 목을 베고 돌아오다關公溫酒斬華雄'의 일화이다.

이 일화에서 가장 중요한 것은 관우의 뛰어난 무공과 용맹이다. 아직 드러나 있지 않았던 관우의 눈부신 날개가 화려하게 펼쳐지는 순간이었다. 관우는 조조가 따라준 술을 내려놓고 화웅의 목을 베고 와서 마시겠다고 말하는데, 이때부터 자신의 무공에 대한 무한한 자신감을 표출한다. 그렇게 큰소리치고 나간 관우는 정말로 화웅의 목을 들고 돌아왔고, 술은 여전히 온기를 품고 있었으며, 사람들은 놀라움을 금치 못했다. 이 승부를 계기로 연합군은 동탁과 벌인 전투에서 여포까지 물리치고 승기를 잡는다. 관우의 출전은 전투에서 승부의 물줄기를 바꾸는 분수령이 되었기에 아직 식지 않은 '술 한 잔'은 영웅의 탄생을 알리는 상징적인 술이라고 할 수 있다.

중국에서 관우는 '忠충·仁인·義의·勇용'의 화신이자 전쟁의 신으로 신격화되어왔다. 그

산시관궁주업주식회사의
관궁 시리즈 상품 광고

명성이 천고에 전해오면서 이 영웅의 술도 천하에 이름을 남겼고, 오늘날에도 중국인은 관우를 이야기하면서 관우의 이름이 붙은 술을 마신다. 관우의 고향 산시山西성 원청運城시 지산稷山현에 산시관궁주업주식회사山西關公酒業有限公司가 있다. 이 회사는 '관궁關公' 계열의 브랜드를 50년 넘게 생산하면서 중국의 문화명주, 중국의 우수한 백주, 산시성의 상징이라는 호평을 받고 있다. 관우의 묘가 있으며《삼국지》전투의 주요 무대였던 후베이湖北성에는 후베이관궁팡주업주식회사湖北關公坊酒業股份有限公司가 있다. 이 회사가 출시한 '관궁 방關公坊' 시리즈의 백주는 중국 역사문화의 명주라는 이름을 얻으며 후베이성의 명품으로 자리매김했다.

후베이관궁팡주업주식회사의 상품

🏺 장비와 술: 영웅의 인생을 망치다

장비는 소설 《삼국지》에 등장하는 촉한蜀漢의 명장이다. 일생을 술을 좋아하여 술에 취해 살았고, 또 술 때문에 죽었다. 그는 유비·관우와 의형제를 맺는 술잔을 들어 결의를 다지는 것으로 시작하여 불 같은 성격의 캐릭터를 구축하며 오호장군五虎將軍의 한 사람으로서 맹활약을 펼친다. 장비는 위魏나라 군대와 전투할 때 일부러 술에 취한 척하여 장합張郃의 경계를 없애고 위나라 군사를 격퇴하기도 하지만 결

쓰촨성 청두成都에 있는 장비 석상

국 술 때문에 대사를 그르치고 인생을 망치게 되는데, 술로 얻은 것보다는 잃은 것이 더 많은 사람이 바로 그일 것이다.

장비와 술의 악연은 술에 취해 서주徐州라는 근거지를 잃는 것으로 시작된다. 《삼국지》 14회를 보면, 원술과 일전을 앞둔 유비는 관우와 회남淮南으로 함께 출전하면서 서주의 성을 장비에게 지키도록 맡겼다. 그들이 떠난 후 장비는 잔치를 열어 술을 못 마시는 조표趙彪에게 억지로 술을 권했고, 조표가 자꾸 사양하자 장비는 성질을 내며 조표를 매질한다. 억울하고 화가 난 조표는 여포를 찾아가 서주를 공격하라고 사주한다. 여포의 기습에 장비는 혼비백산하여 유비 가족을 남겨두고 홀로 성을 빠져나와 회남으로 도망친다. 다행히 유비가 장비를 크게 질책하지 않고 이해해주었기에 서주를 잃은 사건은 일단락된다. 장비는 이 일을 계기로 유비의 관용에 감동하여 평생 유비를 따르겠다고 굳게 맹세한다.

이만하면 술과 철천지원수를 지고 다시는 입에 대지 않거나 매질하는 술버릇을 고칠 법도 하지만 장비와 술의 악연은 술에 취하여 자기 부하에게 살해되는 사건에서 절정을 이룬다. 《삼국지》 81회에서 촉나라 출신의 병사 유봉劉封과 맹달孟達의 계략으로 관우가 손권孫權의 군사에게 살해당한다. 관우가 오나라 군사에게 죽었다는 소식을 들은 장비는 밤낮으로 울며 슬퍼했고, 휘하 장수들은 장비를 위로하기 위해 술을 권하는 일이 잦았다. 그러나 장비는 술에 취하기만 하면 화를 참지 못하고 부하들을 채찍으로 매질하였고, 맞아 죽는 자가 부지기수였다. 부하들은 자신들을 함부로 대하는 장비를 원망하게 된다.

설상가상 장비는 당장 관우의 복수를 하려는 마음에 부하들에게 흰색 갑옷을 만들라 명하고, 군대를 정비할 충분한 시간을 주지 않은 채 출동을 명령한다. 장비의 부하 장달張達과 범강範强은 장비의 재촉과 횡포에 임무를 완수하지 못하여 죽게 될까 봐 오히려 장비를 죽이자고 모의한다. 두 사람은 장비에게 많은 술을 계속 권하고 장비가 크게 취하여 깊은 잠에 빠지자 그의 머리를 베어 죽인다. 결국 술기운을 이겨내지 못한 장비는 이성을 잃고, 부하들을 매질하고, 일을 무리하게 진행하여 부하들에게 배신 당하고, 허무하게 목숨을 잃는 참혹한 최후를 맞았다.

장비는 《삼국지》에서 누구보다도 술과 인연이 깊은 인물이다. 역시나 그의 이름을 붙인 술이 있는데, 후난湖南성 레이양未陽시에서 생산되는 '장페이주張飛酒'이다. 기록에 따르면, 방통龐統이 뇌양레이양의 현령으로 임명되었을 때 장비가 이곳에 사찰을 나왔다. 방통은 현지의 좋은 술을 구해 장비에게 대접했고, 방통을 좋게 본 장비는 성도成都로 돌아간 후 유비에게 방통을 추천했다. 그리하여 방통은 유비의 참모가 되어 책략가로 이름을 알렸다. 이 기록에 근거하여 레이양에서 생산되는 술에 '장페이주'라는 이름이 붙여졌다.

2

루쉰의 단편소설: 중국의 술꾼

루쉰魯迅은 중국 근대문학의 개척자이자 중국의 민족혼으로 불리는 소설가이다. 대표작 《광인일기狂人日記》와 《아큐정전阿Q正傳》 외에도 많은 작품이 여전히 사랑받고 있다. 루쉰의 고향은 중국 저장성 샤오싱소흥으로 황주의 발원지이다. 그는 자신의 많은 단편소설에서 중국의 다양한 술집, 술안주, 술꾼을 묘사했다. 낡

아빠진 간판에 좁고 조그마한 2층짜리 술집 '일석거一石居'(《술집에서在酒樓上》), 'ㄱ'자 모양의 큰 술청이 길을 향해 있고 술청 안쪽에 술을 데울 수 있도록 더운 물이 준비되어 있는 '함형주점咸亨酒店'(《공을기孔乙己》), 《삼국지》와 조자룡趙子龍 이야기를 들을 수 있는 '무원주점茂源酒店'(〈풍파風波〉) 등이 루쉰 소설에 묘사된 대표적인 술집이다. 이런 술집에서 소설 속 인물들은 옛 친구와 회포를 풀고, 세상살이의 고됨을 씻어내며, 세상 돌아가는 소식을 나눈다. 이런 술자리에는 꼭 황주와 소주燒酒가 등장하고 회향두齒香豆, 땅콩 조림, 얼린 고기, 튀긴 두부, 말린 청어, 훈제 생선, 염장 죽순 등이 안주로 곁들여진다. 근대 중국의 술집, 다양한 술과 안주가 생생히 묘사되어 있는 루쉰의 단편소설에는 인생의 현 위를 걷는 여러 술꾼이 그려져 있다.

🏺 쿵이지: 술로 시름을 잊는 몰락한 선비

소설 〈공을기孔乙己〉의 주인공 쿵이지(공을기)는 글을 배운 선비이긴 하지만 과거제도가 폐지되면서 책을 베껴 써주는 일로 입에 풀칠하며 살아간다. 그는 격동의 시대 속에서 세상 물정에 어두워 갈수록 가난해지고 결국 구걸하는 신세로 전락한다. 극단적으로 좀도둑질에 걸식까지 하면서도 그는 도리어 자신을 인재라고 착각하며 허세를 떤다. 이상과 현실

〈공을기〉 삽화

의 간극을 메우지 못하고 방황하며 살아가는 쿵이지에게 술은 현실의 암담함을 잠시나마 잊게 해주는 망각수다. 쿵이지가 술을 마시는 이유는 그냥 술을 좋아해서이지 취하는 것이 목적이 아니다. 자신의 울분을 떨쳐내고 현실의 중압감을 잊기 위해 일상적으로 마시는 것이 술이다.

네 번째 술잔

낮이나 저녁 무렵 일을 마친 노동자들이 언제나 동전 네 닢을 내고 대포 한 잔을 청하여 술청 밖에 기대선 채 따끈히 데운 술을 들이켜며 쉬곤 했다. (중략) 장삼을 입은 손님들만이 가게 안쪽의 방 안으로 거들먹거리며 들어가 술과 고기를 주문하여 편안히 앉아 마실 수 있었다. (중략) 쿵이지는 서서 술을 마시는 사람들 중에서 장삼을 입은 유일한 사람이었다. (중략) 쿵이지는 대답도 하지 않고 술청 안쪽에다 대고 크게 말했다. "따끈한 술 두 잔. 회향두 한 접시 하고." 그는 십 전짜리 아홉 개를 늘어놓았다. (중략) 어떤 때는 이웃의 아이들까지 웃음소리를 듣고 다투어 달려와서 쿵이지를 둘러싸는 것이었다. 그러면 그는 회향두를 한 아이에게 한 개씩 나누어준다.

바깥에 서서 술을 마시지만 장삼을 입었다는 것은 쿵이지의 신분이 선비이고 일반 노동자와 다르다는 것을 보여준다. 중국에서 독서인이라 불리는 사대부 지식인에게 술은 의례의 시작이자 끝을 장식한다. 쿵이지가 하루를 마무리하며 술을 마시는 것은 자신의 정체성을 드러내는 일이다. 그래서 쿵이지는 자신을 업신여기는 사람들의 비웃음에도 초연할 수 있고 약자에게 화풀이하지 않는다. 오히려 주점의 술 심부름꾼에게 글자를 가르쳐주려 하고 자신의 술상 가까이 오는 아이들에게 회향두를 나눠주며 온정을 베푼다. 이 소설에서 쿵이지는 시대의 변화에 편승하지 못하고 몰락한 술중독자이지만, 따뜻한 인성을 시혜하는 선비 술꾼의 면모를 보인다.

회향두

🏺 웨이리엔수: 방황하는 지식인

소설 〈고독한 사람孤獨者〉의 주인공 웨이리엔수魏連殳는 시대의 변화를 주도하지 못하고 실패하여 주저앉은 지식인을 대표한다. 소설에서는 주인공이 술을 마시는 장면이 직접적으로 묘사된 부분은 많지 않지만, 루쉰은 웨이리엔수가 폭음하고 줄담배를 피우는 고독한 인물임을 내내 보여주면서 사회에 안착하지 못하는 지식인이 술과 담배로 스스로를 소모하는 모습을 그려낸다.

어려운 시기를 보낸 웨이리엔수는 가까스로 군벌의 고문이 되어 벼락출세를 하지만 곧 자신의 상관이 암살당한 후에는 극도의 불안감에 시달리며 술과 담배에 더욱 의존한다. 루쉰은 술자리를 직접적으로 묘사하지 않고, 웨이리엔수가 소설 속 화자인 '나'에게 보낸 편지에서 암시하는 술자리 정황으로 웨이리엔수의 깊은 방황을 보여준다. 술자리는 더 많아지고 안주는 더 좋아지고 교류하는 사람이 더 많아졌지만, 이것은 웨이리엔수가 원하는 생활이 아니었다. "새로운 마작판과 노름……, 새로운 냉대와 악의, 새로운 불면과 각혈……"이라는 문구에서 방탕한 생활로 육체를 망치며 폭주하는 웨이리엔수의 모습이 잘 나타난다. 격동의 시대를 감지하고 뛰어들고자 했으나 출로가 막히자 술에 중독되어 사회를 겉도는 지식인 술꾼의 면모를 보여준다.

🏺 아큐: 술로 정신 승리한 농민

술은 남녀노소, 친소관계, 빈부귀천 등의 경계를 뛰어넘게 하는 경우가 있다. 술에 취해서 초월하는 것인지, 초월하려고 술에 취하는 것인지 종잡을 수 없지만, 루쉰이 그려낸 아큐阿Q가 바로 이런 인물이다. 소설 〈아큐정전阿Q正傳)의 주인공 아큐는 웨이좡未庄 마을의 가난한 농민으로 농사지을 땅이 없어 날품을 팔며 살아간다. 루쉰은 이 소설에서 아큐라는 각성하지 못한 우매한 농민의 형상을 그려냈다. 아큐는 자기보다 힘센 사람에게 무시당할 때마다 상황을 합리화하면서 정신적으로 지지 않았다고 주장한다. 반대로 자기보다 힘이 약한 사람에게는 횡포를 부린다.

> 아큐는 그 무렵에 쓸 돈도 궁색해져 있었고 다소 불평을 가지고
> 있었다. 게다가 빈속에 낮술을 두어 잔 들이켜 얼큰하게 기분이 좋았
> 다. (중략) 어찌된 셈인지 갑자기 자신은 이미 혁명당원이며 웨이좡 사
> 람들은 모두 그의 포로가 된 것 같았다.

아큐는 황주를 두어 잔 마시고 취하면 자신을 상전이라고 착각한다. 술에 취해 다른 사람을 때리고 욕하다가 오히려 더 큰 곤욕을 당하는 일이 다반사이다. 웨이좡 마을의 조씨 나리에게 겁도 없이 호형호제를 부르짖기도 하고, 신해혁명辛亥革命 때는 술에 취해 스스로 '혁명했다'고 떠벌리기도 한다. 또 마을의 불량배에게 맞고는 아들한테 맞은 셈 치겠다고 합리화한다. 아큐는 자기 신분의 한계와 경제적 압박을 현실적으로 돌파할 역량이 없다. 그래서 일상적으로 직면하는 패배적 상황에서 벗어나기 위해 자기가 아닌 다른 사람이 문제라는 식으로 정당화한다. 이런 아큐의 정신 승리를 촉진하는 작용을 하는 것이 바로 술이다. 현실적인 속박과 한계를 스스로 타파할 힘이 없는 하층 농민 아큐는 술의 힘을 빌려 패배의식을 방어한다. 이 소설에서 아큐는 시대 변화를 전혀 감지하지 못한 채 오히려 술로 저열한 근성을 정신 승리하는 농민 술꾼의 면모를 보인다.

3
선충원의 《변성》:
후난의 자연과 삶 속 술

선충원沈從文은 현대 중국의 유명한 문학가이다. 그는 중국 후난성 펑황鳳凰에서 태어났다. 후난 지역은 소수민족 묘족苗族의 주요한 거주지로 외진 곳이지만 인정이 순박한 곳이다. 한족漢族과 묘족 부모 사이에서 태어

난 선충원이 학교와 군대생활에서 체험한 후난, 쓰촨, 구이저우 지역의 자연환경과 인물들은 그의 창작활동에 소중한 자양분이 되었다. 작가가 된 이후 선충원은 중국의 샹시湘西, 후난성 서부 지역 소수민족의 삶과 풍속을 그려낸 작품들을 주로 썼는데, 대표적으로 소설 《변성邊城》을 들 수 있다. 선충원의 대표작 《변성》은 20세기 100대

중국어 소설에 포함되었는데, 루쉰의 《납함呐喊》에 이어 2위를 차지하였다. 이 소설은 1930년대 쓰촨과 후난 경계에 있는 작은 마을 차통茶峒을 배경으로 지역의 풍토와 인정을 그린 수작이다.

술로 샹시의 풍속·인정을 빚다

소설 《변성》에서 술은 스토리를 전개하고 인물형상을 창조하며 샹시 지역의 자연과 풍속, 사람을 표현하는 주요 키워드라 할 수 있다. 물과 관련된 활동을 하는 모든 등장인물은 술과 연결되고, 술은 그들의 희로애락을 상징한다.

《변성》에서 묘사된 자연환경은 선충원이 직접 체험한 공간인 동시에 실제 샹시 지역 사람들의 삶의 터전이다. 소설의 주요 무대는 지금의 바이허白河, 소설 속에서는 유수이酉水라 불리는 강 주변의 수향水鄉이다. 선충원은 샹시 지역을 "물길을 거슬러 올라가다 보면 깊이가 몇 길은 족히 되는 호수들이 나타나는데, 그야말로 바닥이 보일 정도로 물이 맑고 투명했다", "강기슭의 주민들은 만발한 복숭아꽃, 살구꽃 속에 묻혀 살고 있었다. 봄날에 조금만 눈여겨보면 복숭아꽃이 만발한 곳에 꼭 인가가 있고 인가가 있는 곳에 반드시 주막이 있었다"고 묘사하였다.

작은 주점을 묘사하는 장면을 보면, 주점 식탁에는 늘 노릇노릇 구운 잉어에 두부를 곁들인 요리가 붉은 고추를 얹은 채 사발에 담겨 있고 주점 아낙은 오가는 선원이나 일꾼들에게 소주燒酒로 호객한다. 손님이 주점에 들어오면 그 아낙은 큼직한 항아리에서 독한 소주를 대나무통으로 떠올려 옹기그릇에 담아 식탁에 올린다. 여기서 소주라고 묘사된 술은 선원이나 일꾼에게 팔고 독하다고 표현한 것으로 볼 때 도수가 높은 백주로 짐작할 수 있다. 독한 백주를 큰 옹기에 담아 올려두어 일상적으로 마시게 한다는 장면에서 이 지역 사람들이 얼마나 술을 가까이 두고 즐기는지 알 수 있다. 술은 샹시 지역의 자연과 사람들의 삶에 일상으로 녹아든 문화적 특성을 나타낸다.

🫖 샹시의 명절 풍속과 술

소설 《변성》에는 명절 풍속에 대한 묘사가 많다. 선충원은 샹시 지역에서 1년 중 가장 흥겨운 날은 단오와 추석과 춘절이고, 이 지역 사람들에게 가장 의미 있는 날이라고 묘사한다. 특히 춘절과 단오절의 풍속을 자세히 묘사했는데, 술에 대한 일화도 묘사되어 있다.

소설의 주인공은 나루터에서 일하는 사공 노인과 그의 어린 손녀 추이추이翠翠다. 평소 추이추이를 살뜰히 보살피고 강을 오가는 일에 충실한 사공 노인도 명절만 되면 술에 취해 본업을 소홀히 하기 일쑤다. 생필품인 기름이나 소금을 사러 가야 함에도 설 명절에 술에 취해 못 가게 되는 일이 발생한다. 사공 노인은 춘절을 지낼 동안 쓸 물건을 사러 시내에 가더라도 사람들과 명절 인사를 나누다 술 이야기로 넘어가고 결국 사람들을 나루터로 이끌고 와서 술을 마시기도 한다.

> 성안에서 잘 아는 군인을 만나면 그가 마부든 취사병이든 상관없이 명절인사를 하실 것이다. "나으리, 명절날 많이 드십쇼!" 그러면 그쪽 은 "사공 노인도 많이 드슈" 하고 인사를 받을 것이다. 간혹 어떤 사람들이 "많이 먹고 마시고 할 게 뭐 있수? 고기 넉 냥에 술 두 사발이면 배도 안 차고 취하지도 않소!"라고 대꾸하기도 했다. 그러면 할아버지는 진심으로 그를 나루터로 청하여 양껏 술을 마시게 했다. 이때

누가 조롱박 술병에 든 술을 한 모금 마시고 싶어 하면 사공 노인은 조금도 아까워하지 않고 즉시 그것을 넘겨주었다. 술을 맛보고 나서 병영에 있는 그 사람이 입술을 빨며 혀 꼬부라진 소리로 좋은 술이라고 찬사라도 보낼라치면 할아버지는 한 모금 더 마시라고 권했다.

추이추이가 묘사하는 이 장면은 설날에 사람들과 어우러져 술을 즐기는 할아버지의 가장 즐거워하는 모습이다. 할아버지는 명절을 보내기에는 음식과 술이 턱없이 부족하다고 하소연하는 사람이 있으면 나루터로 데리고 온다. 술을 마음껏 제공하는 것에서 그치지 않고 조롱박에 보관해둔 술조차 아낌없이 건네준다. 좋은 술이라는 칭찬에 할아버지는 기분이 좋아져 술병이 바닥을 보일 때까지 사람들과 함께 마신다. 명절에 사람들과 인정을 나누고 흥취를 돋우기에는 역시 술이 최고다.

이 소설에서 그려낸 샹시 지역 단오절 풍속은 더욱 특색이 강하다. 단오절이 되면 이곳 부녀자들과 어린이들은 모두 새옷으로 단장한다. 또 사람들은 웅황雄黃을 술에 찍어 이마에 임금 '王'자를 그리며, 어느 집이건 꼭 물고기와 고기를 먹는다. 그리고 오전 11시쯤 서둘러 점심을 먹고 대문을 잠근 뒤 강가로 나가서 뱃놀이를 구경한다. 이 뱃놀이에도 술이 곁들여지는데 특히 웅황주雄黃酒를 마시는 풍속이 있다.

단옷날, 사공 노인은 추이추이와 누렁이를 데리고 산성 강가로 용선 구경을 가기로 했다. (중략) 할아버지는 성안에 사는 아는 사람을 떠올리고 그 밤으로 찾아가 추이추이와 함께 산성에 가 놀 수 있도록 하루만 나룻배를 맡아달라고 부탁했다. 식솔도 없이 혼자 사는 노인은 사공 노인보다 더 외로운 처지였다. 그는 이튿날 아침 사공 노인 집에 와서 식사도 하고 웅황주도 한잔하기로 약속하였다.

추이추이의 할아버지와 성안에 사는 노인은 용선 구경에는 별로 관심이 없고, 지난 단오절에 있었던 일을 함께 이야기하며 조롱박 속의 웅황주를 다 나누어 마시고는 취해버린다.

웅황주는 웅황가루와 창포 뿌리를 잘게 갈  아 넣은 술이다. 사람들은 웅황주를 1년 중 양기가 가장 강한 음력 5월 1일에서 5일 사이 에 햇볕에 쬐면 약용효과가 커지고 해독작용 이 있는데다 벌레를 죽이는 효과가 있다고 여겼다. 또 웅황주를 마시면 액운을 없앨 수 있다고 전해져 단오절에는 꼭 웅황주를 즐겨 마셨다.

🍶 샹시 사람의 인정과 술

소설 《변성》에서 묘사한 샹시 지역은 중국 쓰촨과 후난의 접경지이다. 이 소설에서는 이 지역 자연경관과 함께 그 속에서 살아가는 사람들의 순박하고 인정미 넘치는 모습을 자주 볼 수 있다. 특히 가족 간에 아껴주고 친구를 배려하며 이웃을 돌봐주는 장면에 술이 많이 등장한다.

성안에 사는 노인과 할아버지가 웅황주를 마시고 취한 날, 추이추이는 강가에서 할아버지를 기다리는데, 오리를 잡던 선주 슌슌順順의 둘째 아들 눠송儺送을 만나게 된다. 단오절에 마셔야 하는 웅황주는 소설에서 사공 노인이 술에 취한 친구를 두고 가지 못하는 짙은 인정미를 두드러지게 하는 장치이자 다음 이야기를 전개하기 위한 장치이다.

할아버지의 대취 소동으로 만나게 된 추이추이와 눠송은 서로에게 마음을 주지만, 눠송의 형 톈바오天保가 추이추이에 대한 구애에 가세하면서 형제의 청혼경쟁은 가열된다. 그런데 청혼경쟁에서 열세라고 느낀 형 톈바오가 상실감에 배를 타고 남쪽으로 떠났다가 배 전복사고로 죽게 된다. 추이추이의 할아버지는 톈바오의 죽음으로 혼담이 없었던 일로 되자 걱정하며 상심한다. 이에 선주를 찾아간 사공 노인에게 선주는 오히려 술을 대접하며 위로한다.

> 선주 순순은 사공 노인이 불안해하는 걸 알고 있는 듯했다. "아저씨, 모든 게 다 하늘에 달린 거죠. 그만하세요. 여기 따싱창(大興場) 사람들이 보내온 좋은 소주가 있으니, 좀 가져다 드세요." 한 일꾼이 대나무통에 술을 가득 담아 싱싱한 오동잎으로 구멍을 막은 뒤 사공 노인에게 건네주었다. 사공 노인은 술병을 들고 강가 거리로 나왔다. 그는 그냥 고개를 푹 숙인 채 부두를 향해 걸어 그저께 톈바오 도령이 배를 탔던 그 강가로 갔다. 마병 양씨는 아직 거기다 말을 풀어놓고 있었다. (중략) 사공 노인은 양씨한테 다가가 따싱창 술을 맛보라고 내주었다. 술을 좀 마시고 나서 두 사람은 기분이 다소 나아진 듯했다.

선주 순순은 아들의 죽음이라는 큰 불행 앞에서도 혼담이 취소될 것을 예상하고 상심하여 찾아온 사공 노인을 위로하고자 따싱창大興場 지역의 술을 선물로 준다. 사공 노인은 속마음을 털어놓을 정도로 친한 양씨를 찾아가 함께 술을 마시고 나서야 걱정에서 벗어난다. 자신의 아픔을 내색하지 않고 사공 노인의 상심을 풀어주고자 선주가 내놓은 것은 귀한 술이었다. 사공 노인을 따뜻하게 대하는 선주의 인심을 대변하는 것이 바로 술이다. 사공 노인이 즐거운 날 주변 사람들에게 기꺼이 나눠주는 술이나 걱정을 나누고 위로를 보태며 마시는 술도 모두 인정을 대변한다.

따싱창은 오늘날 쓰촨의 충칭重慶에 속한 곳으로 풍미가 좋은 백주가 많이 생산되는 지역이다. 맛 좋은 백주를 대나무통에 담으면 장기간 보존할수 있고 대나무 마디에서 나오는 즙이 술의 발효를 도울 뿐 아니라 향기도 더해져 술맛이 더 독특해진다. 오동잎은 해독작용이 있고 항염효과가 크다고 알려져 있다. 대나무통에 술을 담아 오동잎으로 막았으니 맛과 약효를 보증할 수 있는 술이다. 쓰촨은 대나무 자생지여서 이 지역에서는 오래전부터 죽통주竹筒酒를 마셔왔다. 지역문화 특색이 강한 죽통주는 중국 온라인 쇼핑몰의 대표주자인 알리바바에서도 인기리에 판매되고 있다.

4 위화의 소설:
민초의 애환이 담긴 황주

위화余華는 당대當代 중국의 저명한 작가이다. 저장성 항저우杭州에서 태어났으며, 그가 1993년 쓴 첫 장편소설《인생活着》과 1995년 발표한《허삼관매혈기許三觀買血記》는 1990년대 중국에서 가장 영향력 있는 10대 소설에 각각 이름을 올렸다. 《인생》은 동명의 영화로 제작되었고 칸영화제에서 황금종려상을 획득하며 세계적으로 위화의 이름을 알리는 데 기여했다. 《허삼관매혈기》도 작품성을 인정받아 중국에서 드라마와 영화로 만들어졌으며, 우리나라에서도 《허삼관》이라는 제목으로 리메이크되어 영화로 제작되었다.

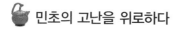
민초의 고난을 위로하다

《허삼관매혈기》는 위화가 1995년에 쓴 장편소설이다. 이 소설은 가족을 부양하기 위해서 매혈하며 살아가는 민초들의 고단한 삶의 역정을 보여준다. 주인공 쉬싼관許三觀은 공장 노동자로 여러 차례 피를 팔아 생계를 꾸려나간다. 쉬싼관은 처음에는 자신의 신체가 건강한 것을 증명하기 위해 피를 판다. 두 번째는 큰아들이 이웃 팡톄장方鐵匠의 아들과 싸워 다치게 했는데 치료비로 보상해줄 돈이 없어 다시 피를 판다. 세 번째는 첫사랑 린펀팡林芬芳이 다쳐서 입원했을 때 그녀에게 맛있는 음식을 사주기 위해 피를 판다. 네 번째 매혈은 1957년 '대약진大躍進운동' 때, 기아에 시달리며 57일 동안 옥수수죽만 먹으면서 버티다 도저히 견딜 수 없어 매혈 브로커를 찾아간다. 다섯 번째 매혈은 큰아들 이러一樂의 병을 고치기 위해서 했고, 여섯 번째 매혈은 둘째 아들 얼러二樂가 소속된 생산대장을 집에 초대하여 술을 대접하기 위해서 했다. 일곱 번째 매혈은 큰아들이 위독해지자 상하이의 큰 병원에 입원시키기 위해서 했다. 40년 동안 쉬싼관은 집안에 돈 쓸 일이 생길 때마다 피를 팔았고, 그 사이 매혈을 함께한 친구 건롱根龍이 연이어 매혈하다 죽는다. 쉬싼관이 나이가 들어 자신의 피를 아무도 사려 하지 않자, 집안에 우환이 생겼을 때 피를 팔 수 없을까 봐 통곡하는 것으로 소설은 끝이 난다.

이 소설에서 술은 중국 민초들의 열악한 삶의 현장을 부각하는 장면에 등장한다. 쉬싼관이 매번 피를 팔고 난 후 꼭 마신 것이 황주이고, 둘째 아들의 편의를 청탁하기 위해 생산대장을 초대하는 자리에도 황주가 등장한다.

쉬싼관은 피를 팔 수 있는 건강한 청년이어야 아내를 얻을 수 있다는 삼촌의 말을 듣고 처음으로 매혈한다. 매혈하기로 결심한 후 쉬싼관은 우연

네 번째 술잔

히 알게 된 건룡 등과 함께 혈두를 찾아가 피를 팔고 나서 승리반점에 가서 술과 음식을 주문한다.

> 그들은 병원을 나와 승리반점이라는 간판이 붙은 식당에 갔다. (중략) 방씨가 먼저 식당 점원에게 소리쳤다. "여기 돼지간볶음 한 접시하고 황주 두 냥 가져오라고. 황주는 따뜻하게 데워서 말이야." 건룡이도 소리쳤다. "여기 돼지간볶음 한 접시하고 황주 두 냥 가져오라고. 황주는 따뜻하게 데워서 말이야." (중략) 쉬싼관도 들었던 젓가락을 내려놓고, 술잔을 들어 한 모금 살짝 맛보았다. 황주가 목 줄기를 타고 따뜻한 기운을 전하며 흘러내리자 그의 입에서 자기도 모르게 "카" 소리가 새어 나왔다.

소설에서는 매혈 1회의 보상금이 당시 노동자의 석 달치 월급에 맞먹었다. 그래서 가난한 사람들에게 매혈은 급전이 필요할 때 당장 돈을 구할 수 있는 최선의 방안이었다. 말하자면 가족을 먹여 살릴 수 있는 생계 수단이었다. 고단한 생계를 위해 매혈하고 나서 사먹는 황주 두 량37g과 돼지간볶음은 소박하기 짝이 없으나 황주는 몸과 피를 따뜻하게 하고 돼지간은 보혈효과가 있어서 피를 뽑고 난 후 차가워진 육신을 데워 회복할 힘을 주는 데에는 최고의 보양식이자 위로의 상징물이다.

🏺 민초의 행복을 축원하다

중국 남방에서는 남성이 여성에게 청혼하러 갈 때 황주를 가져가는 풍속이 있다. 《허삼관매혈기》를 보면, 쉬싼관이 쉬위란許玉蘭에게 청혼하기 위해 그녀 집을 방문할 때 황주가 든 술병을 들고 가는 장면이 나온다.

위화의 대표적 소설 《인생》에서도 집안에 경사가 생기면 가족이 함께 황주를 마신다. 《인생》은 남방의 시골에서 민간가요를 수집하는 '나'가 우연히 만난 노인 푸구이福貴에게 들은 그의 파란만장한 인생사를 그렸다. 봉건 지주가문의 도련님 푸구이는 도박으로 가산을 탕진하고 가난한 막일꾼으로 살아가게 된다. 위독한 어머니를 위해 의사를 찾아 나섰던 푸구이는 국민당군에 붙잡혀 포로가 된다. 중국공산당이 국민당과 내전에서 승리하고 전쟁이 끝나자 푸구이는 다시 고향으로 돌아와 자녀를 돌보며 지내던 아내 자전家珍과 재회한다. 푸구이 가족은 행복하게 살아가던 중 아들 요칭有慶이 현장縣長 부인에게 헌혈해주다 사망한다. 문화대혁명의 광풍 속에서 노동자 얼시二喜와 결혼한 벙어리 딸 펑샤鳳霞는 출산하다가 홍위병이 장악한 병원에서 치료를 받지 못해 죽는다.

이 소설은 현대 중국의 굵직한 역사를 배경으로 국민당과 공산당의 내전, 대약진운동, 문화대혁명이라는 거대한 시대적 변화 속에서 푸구이 가족이 겪는 비극을 그렸다. 너무나도 모질고 힘겨운 삶이지만 또 그렇게 인생을 살아내는 것이 아름답고 소중한 것임을 역설한다.

> 얼시는 중산복을 깔끔하게 차려입고 왔다네. 머리만 어깨에 기대고 있지 않았다면 정말 현에서 나온 간부 같았을 거야. 그는 술 한 병과 꽃무늬 옷감을 들고 대장을 따라 들어왔지.
>
> 얼시는 황주를 한 병 들고 왔는데, 입을 벌린 채 웃음을 그칠 줄 몰랐지. 펑샤는 손에 대소쿠리를 안은 채 얼시와 마찬가지로 웃고 있었고 말이야. 무슨 좋은 일이 있어 그렇게 신이 났나 싶더구먼. 집에 이르자 얼시가 문을 잠그며 말했다네. "아버지, 어머니, 펑샤가 아이를 가졌어요." 펑샤가 아이를 가졌다니, 우리 내외도 입을 쫙 벌리고 웃었지. 넷이 한참을 웃고 나서야 얼시는 손에 든 황주가 생각났던지 침대

네 번째 출간

옆으로 가서 작은 탁자에 그걸 올려놓았다네. (중략) 얼시는 우선 나
한테 술을 한 사발 가득 따라주고는 자전의 사발도 넘치도록 채웠지.

푸구이와 자전 내외는 아들 요칭을 잃은 후, 펑샤의 행복만을 빌며 살
아가고 있었다. 그들 인생에서 남은 걱정은 벙어리 딸 펑샤였는데 문화대
혁명이 한창일 무렵 노동자 출신의 얼시와 결혼하게 된다. 얼시는 펑샤에
게 청혼하러 갈 때도 황주를 준비하고 펑샤가 임신하였다는 소식을 전하
러 푸구이와 자전을 찾아올 때도 황주를 들고 온다. 이들 가족은 황주를
나눠 마시며 그 순간만큼은 가장 행복해한다. 소설에서 황주는 민초의 행
복과 온정을 담고 있는 상징물로서 희로애락의 동반자로 등장함을 엿볼
수 있다.

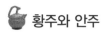 ## 황주와 안주

남방에서 즐겨 마시는 황주는 특별히 안주와 조합이 중요하다. 중국인
은 황주에 약효가 있어 안주를 잘 배합하여 마시면 최상의 술맛을 즐길
수 있다고 생각한다. 그렇다면 어떤 안주가 황주에 어울릴까?

첫째, 각종 해산물을 들 수 있다. 황주의 따뜻한 성질을 상쇄할 수 있는
차가운 성질의 해산물이 잘 어
울린다. 중국에서 황주와 대게
의 조합은 황금배합으로 알려
져 있으며 그밖에 민물게, 새우,
생선 등도 황주와 함께 먹으면
비린 맛을 잡을 수 있다.

둘째, 섬유질이 많은 음식을 들 수 있다. 일반적으로 섬유질이 많은 음식은 알코올의 흡수를 줄이고 간을 보호하는 효능이 있다. 바나나, 배추, 버섯, 다시마 등은 섬유질이 많은 음식에 속한다. 그래서 황주에 다시마냉채凉拌海帶(량반하이따이), 양파목이버섯냉채洋蔥拌木耳(양총반무얼), 표고버섯청경채볶음香菇油菜(샹구요우차이), 바나나맛탕拔絲香蕉(빠스샹쟈오) 등을 안주로 곁들이면 간을 보호할 수 있다.

셋째, 두부를 들 수 있다. 술에는 독성이 있는 아세트알데히드가 들어 있다. 두부의 아미노산은 아세트알데히드의 독성을 없애고 체외로 배출시킨다. 따라서 황주를 마실 때 두부 외에 계란, 살코기, 유제품 등 단백질 함량이 높은 식품을 안주로 선택하는 것이 좋다.

넷째, 새콤달콤한 음식을 들 수 있다. 술의 주요 성분은 에틸알코올로 인체에 흡수되면 간에서 분해된 후에야 체외로 배출되기 때문에 술을 마시면 간의 부담을 가중할 수 있다. 그래서 안주로 간을 보호하는 식품을 선택하는 것이 좋다. 보통 당류는 간을 보호하는 효능이 있다고 알려져 있으므로 황주를 마실 때 새콤달콤한 소스로 만든 음식을 선택하는 것이 좋다. 중국의 대문호 루쉰의 소설에서도 튀긴 두부, 말린 청어, 얼린 육류, 훈제 생선 등이 술안주로 자주 등장하는데 황주에 잘 어울리는 안주임을 확인할 수 있다. 그밖에 황주 안주로 회향두, 땅콩조림花生米 등이 거론되는데 대부분 손으로 집어 먹을 수 있는 음식이다. 황주는 조금씩 따라서 천천히 마시는 술이므로 이야기를 나누며 씹어 먹을 수 있는 안주가 어울린다.

5
모옌의 《홍까오량 가족》:
북방인의 기상 고량주

모옌莫言은 현대 중국을 대표하는 작가로 중국 최초의 노벨문학상 수상
자이기도 하다. 산둥성 가오미高密시에서 태어난 모옌은 1981년부터 소설
을 썼고 1986년에 발표한 《홍까오량 가족紅高粱家族》은 당시 문단에 일대
파란을 일으켰다. 이 소설은 1987년 《붉은 수수밭紅高粱》이라는 이름으로
영화화되었고, 1988년 베를린영화제에서 대상을 수상했다. 모옌은 발표하
는 소설마다 국내외 문단의 주목을 받으며 거의 매년 유명 문학상을 수상
하고 있다.

🏺 둥베이 기백을 상징하다

모옌의 소설 《홍까오량 가족》은 1920년대부터 1940년대까지 중국 둥베이東北 지역의 한 마을을 배경으로 일본군의 침략에 고통받고 항거한 중국 민중의 모습을 그렸다. 소설의 주요 내용은 화자인 '나'가 전해들은 가족과 마을 사람들의 항일투쟁기이다. 16세에 가오미高密 마을의 양조장집 문둥병 아들에게 시집온 다이펑롄戴鳳蓮은 시아버지와 남편이 갑작스럽게 죽자 일꾼이었던 위잔아오余占鰲를 만나 부부가 된다. 다이펑롄은 양조장의 새로운 주인이 되어 가오미 마을의 고량주를 명품으로 만드는 데 기여한다. 위잔아오는 일본군에 항거하는 민병대를 조직하여 항일투쟁의 영웅이 된다. 《홍까오량 가족》에는 둥베이 지역의 고량주 양조방식, 둥베이 사람들의 주량, 고량주의 소독용도 등이 자세히 그려져 있다. 특히 모옌은 술로 둥베이 사람들의 굳센 기백과 생명의식을 표현했다. 둥베이 사람들의 기백은 고량주 양조과정과 둥베이 사람의 주량에서 잘 나타난다.

> 뤄한(羅漢) 큰할아버지는 앞에서 안내하고 할머니는 그의 뒤를 따라서 작업장으로 들어갔다. 일꾼들은 한창 커다란 시루에다 이미 발효시킨 수수덩어리를 넣고 있었다. 가마에서는 땔나무들이 웅웅 소리를 내고 있었다. 가마 속의 물은 펄펄 끓어 뒤집어지고 억센 증기가 시루에서 뿜어져 나왔다. (중략) 일꾼들이 술 시루를 나무시루 위에 덮어씌웠고, 가마 속의 증기는 완전히 사라졌다. 다만 불길이 아궁이에서 타는 소리만 들렸고, 나무시루는 가마 위에서 하얗게 되었다가 노랗게 되곤 하는 장면만 보였다. 담백하고 달콤하며, 술 같기도 하고 술이 아닌 것 같기도 한 향기가 나무시루에서 뿜어져 나왔다. (중략) 한 일꾼이 노 같은 나무막대기를 잡고 그 걸상 위에 서서 움푹 파인 그릇 속의 냉수를 아주 빠른 속도로 회전시켰다. 묵향이 절반쯤 탔을

그런 정도의 시간이 경과하자, 할머니는 코를 찌르는 술향기를 맡을 수 있었다. (중략) 술향기는 갈수록 짙어졌으며 여린 증기가 나무시루가 잇닿은 곳에서 튀어나왔다. 할머니는 그 하얀 돌로 만든 술 흐름대 위에서 빛이 우러나오는 걸 보았으며, 그 빛은 한데 모이면서 천천히 움직이기 시작하더니 마침내 몇 개의 맑은 물방울이 되었는데, 그것은 마치 눈물처럼 술바구니 속으로 흘러들었다.

가마에 큰 시루를 걸고 수수를 넣은 다음 다른 시루로 덮어두었다가 끓는 물을 여러 번 들이부어 수수와 섞어 계속 불에 끓이면 맑은 물방울 같은 고량주가 맺혀 흐르는 모습을 생생하게 묘사했다. 웅웅 소리내며 맹렬히 타오르는 장작, 펄펄 끓는 물, 시루에서 뿜어 나오는 억센 증기, 일꾼들의 역동적인 작업 동작, 진한 술향기 등으로 표현되는 고량주 양조과정은 둥베이 사람들의 씩씩하고 열정적인 기상을 잘 보여준다.

이 소설에는 도수가 매우 높은 고량주를 물 마시듯 들이켜는 모습도 등장한다. 가오미 마을 양조장의 원래 주인 단씨單氏 부자를 죽인 사람은 사실 며느리 다이펑롄과 관계가 깊은 위잔아오이다. 그는 양조장의 며느리를 차지하기 위해 단씨 부자를 죽인 후 홀연히 사라졌다 다시 나타나 행패를 부린다. 이 일로 다이펑롄에게 언어맞은 위잔아오는 방 안으로 옮겨지고 양조장 일꾼들은 주전자에 가득 찬 고량주를 그의 입안에 부어 넣는다. 위잔아오는 술에 취해 잠에 곯아떨어지고 아침에 일어나 갈증을 느끼고는 또 술을 찾아 마신다.

위잔아오는 그렇게 줄곧 해가 저만큼 올라올 때까지 잠을 잔 뒤, 발 밑으로 마치 솜을 밟듯 작업장으로 걸어 들어왔는데, 일꾼들은 이상야릇한 눈길로 그를 바라보았다. (중략) 그는 목이 말라서 무쇠 표주박으로 술독의 술을 절반 정도 담아 목을 젖히고 마셨다. (중략) 일꾼들은 모두 손에 기구들을 잡고 그가 보복하기를 기다리고 있었다.
그런데 그는 휘청거리면서 술독을 향해 다가가더니, 강철 표주박을 집
어 들고 미친 듯이 술을 마셨다.

고량주를 죽지 않을 만큼 마시게 해서 행패 부리는 사람을 제압하는 장
면은 무척 흥미롭다. 더 재미있는 것은 술에 취해 잠들었다 일어나 다시
고량주를 마시고 해갈하기 위해 물을 마시듯 고량주를 마시는 모습이다.
일반적으로 중국 북방 사람들이 남방 사람들보다 술을 잘 마시는 것으로
알려져 있는데, 중국에서 주량이 세다고 거론되는 지역에 둥베이·허베이·
랴오닝이 포함되며 특히 산둥 사람들은 오랫동안 많이 마시는 것으로 유명
하다. 위잔아오가 마시는 엄청난 양의 고량주는 그가 신체 건강하고 왕성
한 정력을 가진 사람임을 보여준다.

🏺 둥베이 생명력을 상징하다

이 소설에는 북방의 맑은 고량주를 일상생활에서 소독에 사용하는 장면
이 자주 나온다. 소설에서 양조장의 늙은 주인 단씨에게는 아들이 한 명
있는데, 이 젊은 주인은 문둥병을 앓고 있었다. 양조장 일꾼들은 젊은 주
인의 거처에는 가능한 한 건너가지 않았고, 굳이 가야 할 일이 생기면 고
량주를 몇 모금 마시거나 몸에 술을 뿌리곤 한다.

단씨 부자가 죽자 며느리 다이펑롄은 본격적으로 양조장을 경영하기 위
해 일꾼들에게 집을 정리하라고 지시한다.

뤄한 큰할아버지와 일꾼들은 온몸에다 술을 붓고는 늙은 주인과
젊은 주인이 덮었던 이불과 입었던 옷가지들, 깔개와 가마와 대야, 표

주박과 실과 바늘 등등 잡동사니들을 모두 정리해서 마당으로 들고 나왔으며, 고량주를 붓고 불을 지펴서 태워 그 재들은 땅에다 구덩이를 파고 묻어버렸다.

문둥병을 앓았던 젊은 주인의 물품은 물론이고 늙은 주인의 물품도 모두 살처분 대상이 되어 태워지는데 이때 고량주를 연료로 사용한다. 그뿐만 아니라 다이펑롄은 일꾼들을 시켜 항아리에 든 고량주를 방 구석구석 붓게 하고 새 천에 술을 묻혀 닦을 수 있는 곳은 네댓 번씩 닦게 한다. 이 소독 활동에 고량주 아홉 항아리를 썼다는 표현이 등장하는데, 실제로 둥베이 지역에서 고량주를 소독용으로 썼음을 추측할 수 있다.

소설에서 양조장 주인 단씨의 문둥병 아들은 나약한 생명력, 전염병, 죽음을 상징한다. 평소 일꾼들은 문둥병 아들과 접촉하기를 꺼리고 불가피하게 접촉해야 할 경우 소독용으로 고량주를 사용한다. 한 개체로서 인간은 누구나 자기 생명을 소중히 여기게 마련이고, 생명에 위협이 될 수 있는 병적 요소는 제거해야 한다. 양조장의 새 며느리와 일꾼들은 문둥병 아들이 죽었을 때에도 그의 유품을 완전히 불태워 없애는데 이때도 역시 고량주를 사용한다. 고통과 죽음을 상징하는 문둥병 아들의 유품을 고량주로 불태우는 행위는 활활 타오르는 생명을 갈구하는 것이다. 그러므로 이 소설에서 고량주 자체는 둥베이 사람들의 강한 생명의식과도 같다.

모옌의 소설 《훙까오량 가족》을 관통하는 고량주는 수수를 원료로 만든 중국의 대표적 증류주이다. 수수는 전분 함유량이 높아 발효가 잘되고, 타닌 성분이 양조과정에서 향기를 내며, 지방과 단백질 함유 비율이 균형적이라 잡내가 나지 않는다. 수수로 만든 고량주는 향기가 좋고 맛이 진해서 중국인에게 인기가 많다. 중국에서 명주로 분류되는 구이저우의 마오타이, 쓰촨의 우량예, 산시山西의 펀주 등이 대부분 수수를 원료로 해서 만든다. 하지만 고가라서 자주 마시기 어렵기 때문에 중국인도 평소에는 중저가 고량주를 즐겨 마신다. 중국의 대중적 고량주 중에서 한국인이 즐겨 찾는 것은 얼궈토우주二鍋頭酒이다. 보통 술을 만들 때, 여러 차례 찜솥에 냉수를 넣어 냉각하여 술을 추출한다. 얼궈토우주는 두 번째 솥에서 증류하여 걸러낸 술을 의미한다. 무색에 도수가 높아서 기름기가 많은 중국 요리에 잘 어울린다.

얼궈토우주

네 번째 술잔

베이징 치엔먼前門 거리에 있는 홍싱紅星주식회사 얼궈토우주 기념전시관

알아두면 쓸데 있는 성어

■ 패도질주佩刀質酒

　패도질주는 중국의 사대기서 중 하나인 《홍루몽紅樓夢》을 쓴 조설근曹雪芹과 그의 친구 돈성敦誠의 우정을 보여주는 고사이다.

　조설근은 집안이 기울어 황실에서 세운 학교에서 허드렛일을 하며 살아가던 중 그곳에서 공부하는 돈성을 알게 되어 함께 술을 마시고 시를 논하며 친구가 되었다. 돈성은 조설근이 글을 쓰고 싶어 하는 것을 알고 물심양면으로 그를 도왔다.

　어느 날 오랜만에 우연히 만난 두 사람은 술집에 가서 회포를 풀기로 한다. 그들은 조설근이 쓰고 있는 소설 이야기를 나누며 밤새 술을 마셨다. 그런데 돈성은 급하게 오느라 미처 돈을 챙기지 못했고, 조설근은 원래 빈털터리라 술값이 없었다. 돈성은 술집 주인에게 몸에 지니고 있던 귀한 패도를 꺼내 술값으로 대신할 것을 제안하였고, 패도의 가치를 알아본 술집 주인은 그 제안을 기꺼이 받아들였다. 안타까워하는 조설근에게 돈성은 오히려 "패도로 술값을 대신할 수 있으니 이 얼마나 아름다운 일이냐?"라고 말하였다. 여기서 바로 '패도로 술값을 대신하다'라는 패도질주佩刀質酒라는 말이 유래했다.

조설근

네 번째 술잔

다섯 번째 술잔

술에 취한 중국 영화

　중국 영화는 백 년이 넘는 역사를 이어오면서 코미디와 멜로, 정치, 액션영화에 이르기까지 다양한 장르에서 다양한 형식으로 술을 활용했다. 술은 이야기를 풀어가며 해피엔딩을 유도하는 장치이기도 했고 이야기 속 안타고니스트antagonist, 즉 반동인물을 형상화하는 수단이기도 했다. 또 무협의 한 장르를 만들어내는 소재이기도 했다. 1950년대 대륙에서 사회주의의 제약이 강했던 시절에 술은 직접적으로 영화에 등장하기보다는 상징적으로 연출되는 경우가 많았으나 자유로운 분위기에서 만들어졌던 1930~40년대와 1980년대 이후 대륙 영화, 1960년대 이후 홍콩 영화에서는 단연 눈에 띄는 주연급 배우였다.

술은 영화의
단골 소재

술은 영화의 단골 소재다. 세계 영화사를 보면 많은 걸작이 술을 다뤘다. 마이스 피기스 감독의 〈라스베이거스를 떠나며〉1996년는 술로 인해 벌어지는 이야기를 다룬 영화 중에서도 돋보인다. 영화는 할리우드 시나리오 작가로 지독한 알코올중독자인 벤 이야기를 다뤘다. 알코올에 빠져버린 그는 좋아하는 술이나 실컷 마시다 죽겠다며 라스베이거스로 떠난다. 그곳에서 몸을 팔며 살아가는 세라를 만나 사랑에 빠진다. 세라는 벤이 자신을 떠날까 봐 '술을 끊으라'는 말을 차마 하지 못하고, 벤은 결국 알코올중독으로 세상을 떠나고 만다. 한국 영화의 작가주의를 이끌고 있는 대표 감독 홍상수는 초기작부터 가장 한국적인 술자리를 연출해왔다. 〈오! 수정〉2000년, 〈하하하〉2009년, 〈북촌방향〉2011년, 〈누구의 딸도 아닌 해

다섯 번째 술잔

원〉2013년, 〈지금은 맞고 그때는 틀리다〉2015년 등에 이르기까지 술자리를 빼놓고 그의 영화를 논할 수는 없다.

술은 영화의 고비마다 등장해서 사건을 만들어내고 캐릭터를 창조하며, 갈등을 증폭하고 화해를 유도하는가 하면, 야릇한 사랑을 키워가게 하는 만능 장치로 기능한다. 물론 중국 영화에도 이 만능 장치는 어김없이 등장한다. 중국 영화는 사람에 취하고, 사랑에 취하고, 웃음에 취하고, 정의에 취하고, 그리고 술에 취한 채 그 역사를 만들어왔다.

"술은 일을 이루기도 하지만 그르치기도 한다酒能成事, 亦能敗事"는 중국 속담이 있다. 술의 이중성을 잘 나타낸 말이다. 지금도 사람들은 술은 약이 되기도 하고 해가 되기도 한다는 말을 자주 한다. 그만큼 술은 적당히 활용하면 유익하지만 지나치면 유해하다. 중국 영화에 등장하는 술도 긍정적인 측면과 부정적인 측면을 모두 보여준다. 기쁨의 축배로 오락의 즐거움을 보여주는가 하면 고뇌하는 인간, 고통과 시련, 폭력적 이미지를 드러내기도 한다.

중국에서는 1905년 처음 영화를 만들었는데 지금까지 많은 중국 영화가 카메라에 술을 담았다. 대놓고 제목에 '술 주酒'를 붙인 영화도 적지 않다. 술에 관한 다른 글자들, 예컨대 '취할 취醉'나 '따를 작酌' 같은 글자가 들어 있는 영화까지 합하면 그 수는 더 늘어난다. 술독에 빠진 중국 영화는 술 때문에 벌어진 일을 이야기로 삼는다. 그래서 술을 매개로 펼쳐지는 삶의 희로애락이 스크린에 투영된다.

ㄹ

해피엔딩은
다 술 덕분이야

영화가 처음 만들어진 이듬해인 1896년 중국에 처음 영화가 들어왔다. 중국 관객은 10년 가까이 서양인이 가져온 영화를 보기만 하다가 1905년 첫 영화를 만든다. 《삼국지》에서 황충黃忠 장군 이야기를 그린 경극을 그대로 카메라에 담은 〈정군산定軍山〉이 바로 그 작품이다. 첫 영화는 일본에서 사진기술을 배워온 런칭타이任慶泰가 베이징에 차린 펑타이사진관豊泰照相館에서 제작되었다. 런칭타이는 영화를 9편쯤 찍었지만 1909년 사진관에 불이 나서 안타깝게도 필름이 모두 불타고 말았다.

중국 영화의 근거지는 곧 베이징에서 상하이로 넘어온다. 1913년 이후 상하이에서 적잖은 영화가 만들어졌으나 지금까지 보존된 가장 초기의 영화는 1922년에 만들어진 〈과일장수의 사랑勞工之愛情〉이다. 이 영화는 중국 영화 1세대 감독인 장스촨張石川이 연출했으며, 상하이 시장통에서 벌어지는 우스꽝스러운 사건들을 익살스럽게 그렸다. 그런데 지금 우리가 볼 수 있는 가장 오래된 중국 영화에서 벌써 술 이야기가 펼쳐진다.

목수 일을 하던 라오궁勞工, 당시 육체노동자를 이르던 말 정씨는 돈을 모아 과일가게를 차린다. 가게 건너편에 한의원이 있는데, 의원에게는 예쁜 딸이 있다. 정씨는 그녀를 마음에 품고 이제나저제나 기회를 엿본다. 뜨거운 물을 사러 갔다가 건달들에게 봉변을 당하는 그녀를 구해준 뒤에는 자신감이 부쩍 커진다. 그는 의원에게 찾아가 "딸을 주십시오"라고 간청하지만 돌아오는 대답은 이랬다. "요새 장사가 안 돼서 혼사고 뭐고 생각할 겨를이 없네. 장사가 좀 나아지면 그때 생각해봄세."

집에 돌아온 정씨는 시무룩하다가도 그녀 생각에 가슴이 뛴다. 두근거리는 마음을 진정하고 잠을 청했는데 그날따라 밖이 소란하였다. 정씨 집 위층은 '올나이트클럽全夜俱樂部'이었는데 밤새 술 마시고 마작하고 떠들고 싸우는 사람

영화 〈과일장수의 사랑〉에서 젊은 무리가 클럽에 모여 밤새 술을 마시며 노는 장면

들 탓에 도무지 잠을 이룰 수 없었던 것이다. 정씨는 장기를 살려 이들을 골탕 먹이기로 작정하고, 위층으로 올라가는 나무계단을 해체하여 다시 조립했다. 요즘 말로 하면 '착탈식' 계단을 만든 것이다. 한껏 술에 취해 클럽을 나서던 놀쇠들은 순식간에 평평해져 미끄럼틀로 변해버린 계단에서 우당탕탕 바닥으로 고꾸라져 나뒹굴었다.

팔이며 다리가 부러진 놀쇠들이 찾은 곳은 다름 아닌 한의원이었다. 갑자기 몰려든 환자들 때문에 한의원은 북새통을 이루고, 의원은 물론 의원

의 딸, 정씨까지 거들어 환자들 진료에 나선다. "술 좀 그만 마시라"는 의원의 말에 "도대체 뭔 일인지 모르겠다"며 하소연하던 놀쇠들은 그때까지도 술에 취한 채 진료비를 냈다. 한의원 책상머리에는 동전이 수북이 쌓였고, 의원은 정씨를 사위로 맞겠다고 선언한다. 웃음을 감추지 못한 정씨는 '장인어른'을 외치고, 이야기는 그렇게 해피엔딩으로 막을 내린다.

영화는 떠들썩한 시장통, 전통과 근대가 뒤섞인 옷차림과 생활 공간, 무엇보다 밤새 술과 마작을 즐기는 오락문화까지 당시 상하이의 생활상을 그대로 재현했다. 상하이는 아편전쟁 직후 중국과 영국이 맺은 난징조약南京條約에 따라 개항한 도시였다. 갈대가 우거진 작은 어촌은 순식간에 세계에 이름을 날리며 '모던 도시'로 탈바꿈했다. 새로운 도시에서 일자리를 찾으려고 중국 전역에서 사람들이 모여들면서 상하이는 그렇게 이민자들이 점령한 도시가 되었다.

도시의 생활 주기는 그만의 오락을 필요로 했다. 밤새 즐기는 술과 마작은 당시 상하이의 대표적 오락거리였다. 주당들은 술과 요리를 펼쳐놓은 채 거나하게 취해서 놀고, 자고, 싸움을 했다. 영화는 당시 미국에서 유행하던 찰리 채플린 영화나 버스터 키튼류 코미디에 영향을 받았지만, 상하이만의 고유한 문화도 그대로 재현했다.

영화에 등장하는 술은 '빼갈', 그러니까 중국을 대표하는 백주임이 틀림없다. 상하이 지역에서는 황주를 마시기도 했지만, 황주는 중탕을 해서 따뜻하게 마시는 술이라 밤새 마작에 빠진 사람들이 먹기에는 불편했기 때문이다. 술은 그런 의미에서 20분 남짓한 코믹 드라마를 이끌어가는 중요한 소재다. 사건이 해결되는 과정에서 술이 꼭 필요한 매개 구실을 하는 건 물론이다. 정씨가 한의원 집 딸을 얻게 되는 해피엔딩은 따지고 보면 다 술 덕분이다.

3

'나쁜 남자'는
술에 취해 산다

1930~40년대 중국 영화는 상하이 영화와 동의어였다. 당시 상하이 영화계에서는 할리우드의 영향으로 적잖은 오락영화를 만들었다. 그러나 급성장한 이민의 도시에서 산업 발전의 네트워크에 들지 못한 채 남성의 오락거리로 전락한 여성의 운명을 다룬 영화도 적지 않았다. 이런 영화에도 술은 빠짐없이 등장했다.

우용강吳永剛 감독의 〈신녀神女〉1934년는 여성 문제를 다룬 대표적인 영화다. 상하이에서 어린 아들과 함께 살아가는 여자는 막막한 생계 탓에 거리로 나가 몸을 판다. 어느 날 경찰에 쫓기는 신세가 되어 후다닥 숨어 들어간 곳이 하필 건달네 집이었다. 건달은 '옳다구나' 하고 여자를 구박하기 시작한다. 여자가 어렵게 모은 돈을 갈취하는가 하면 아이에게까지 위협을 서슴지 않는다. 여자는 어려움 속에서도 아들을 학교에 보내지만, 엄마의 신분이 들통나서 아들은 친구들에게 따돌림을 당한다. 아들과 함께 멀리 떠나려던 여자는 그동안 몰래 모아둔 돈이 없어진 사실을 알고는 건달을 죽이고, 결국 감옥에 갇히고 만다.

영화 〈신녀〉의 한 장면

〈신녀〉는 당대 최고 배우 롼링위阮玲玉의 열연으로 지금까지도 최고로 손꼽히는 흑백영화다. '모던 도시'로 성장을 거듭하던 상하이에 여성의 자리는 없었다. 외지에서 건너와 일자리를 찾아야만 했던 상하이 여성들은 매춘으로 내몰렸다. 당시 상하이에서는 고급 요정의 콜걸부터 클럽 접대부, 거리에서 상대를 만나 몸을 파는 여성 등이 이런저런 모습으로 살아갔다. 이런 여러 계층의 여성을 '기녀妓女'라고 통칭했다. 거리에서 몸을 파는 〈신녀〉의 주인공은 그중에서도 가장 하층에 속한다.

이야기는 여성과 남성이라는 성별 대립과 하층민과 상층민이라는 계층 대립으로 얽혀 있다. 사실 여자를 괴롭히는 건달은 남성이기는 했으나 그 또한 상하이 안에서는 소외된 하층민이었다. 하층민 내부의 권력 관계를 통해 이중으로 소외되고 억압받는 여성의 운명을 그려낸 영화인 셈이다.

건달은 졸개들까지 여자 집으로 데려와 행패를 부린다. 식탁에 차려진 음식을 보고는 "이리 훌륭한 요리에 어찌 술을 하지 않을쏘냐"라고 말하고는 졸개에게 술을 사오라 한다. 이들은 제집인 양 술을 마시며 즐긴다. 졸개들은 "이건 오늘 우리 형님 혼배주니까 많이 마셔야겠네"라며 너스레를 떤다. 건달이 여자에게 술을 권하지만, 여자가 거절하자 "밖에서 일을 더 당해봐야겠어?"라며 폭언을 퍼붓고, 여자는 망연자실한다.

다섯 번째 출간

영화에서 술은 남성의 권력을 나타내는 도구로 활용된다. 술을 마신 남성은 술을 마시지 않은 여성을 억압한다. 술은 남성이 부도덕하고 불법적으로 권력을 얻어가는 과정에서 반드시 필요한 도구이자 매개가 된다. 영화는 바로 술을 통해 1930년대 '모던 도시'가 된 상하이 안에 뿌리내린 성별의 정치학을 다룬다.

1930~40년대 상하이 영화의 다른 작품들에서도 술은 중요한 역할을 한다. 〈대로大路〉1934년, 〈어광곡漁光曲〉1934년, 〈봄 강물은 동쪽으로 흐르고—江春水向東流〉1947년, 〈만가등화萬家燈火〉1948년 등은 모두 사회문제에 초점을 맞춘 영화들이었다. 이 영화들에서 술은 놀이와 오락의 도구이기도 하고, 신분과 계층을 상징하기도 한다.

〈봄 강물은 동쪽으로 흐르고〉는 상하이 영화를 대표하는 차이추성蔡楚生과 정쥔리鄭君里가 함께 시나리오를 쓰고 연출한 작품이다. 영화는 중일전쟁 당시 한 가족의 이산과 재회를 그린다. 상하이 방직공장의 여공 쑤펀素芬과 야학교 교사인 장중량張忠良은 사랑하는 사이다. 장중량은 전쟁에 참가하려고 의용군에 지원하고, 방직공장 사장은 그런 그를 못마땅해한다. 장중량과 쑤펀은 결혼하여 아들도 낳았지만, 전쟁이 전면전으로 비화하자 장중량은 구호대에 참가하기 위해 상하이를 떠나고, 쑤펀은 아이를 데리고 고향으로 피신한다. 그러나 고향도 이미 일본군에게 함락되어 난리법석이 따로 없다. 쑤펀은 다시 상하이로 돌아오지만 피난민 처지가 된다.

장중량은 전쟁통에 죽을 고비를 넘기다 겨우 탈출해 충칭으로 가지만 먹고살 길이 막막하다. 그전부터 알고 지내던 방직공장 사장의 처제 왕리전王麗珍을 찾아갔고, 그녀가 장중량에게 일거리를 알아봐준다. 장중량은 결국 왕리전과 다시 결혼한다. 전쟁이 끝나고 장중량은 상하이로 돌아오고 거기서 다시 왕리전의 사촌언니 허원옌何文艶을 만난다. 쑤펀은 생계를 위해 마침 허윈옌 집에서 허드렛일을 하는 신세였다. 어느 날 저녁 허윈옌이 준비한 만찬 자리에서 쑤펀은 남편을 만나게 되고 그동안 있었던 일을 알게 된다. 쑤펀과 동고동락했던 장중량의 어머니가 아들을 설득하지만, 그는 돌이킬 기색을 보이지 않는다. 쑤펀은 결국 스스로 목숨을 버린다.

영화는 나쁜 남자를 그리면서 술을 등장시킨다. 장중량은 전쟁통에 시어머니를 모시고 고생을 마다 않은 아내를 버리고 이 여자, 저 여자를 탐닉하는 인간이다. '나쁜 남자' 장중량에게 술은 타락의 상징이다. 그는 홧김에 술을 마시거나 여자를 옆에 끼고 술을 마시다가 결국 술에 빠져버리고 만다. 그리고 자기 처지를 망각하고 어머니와 아내 그리고 자식을 내팽개치는 비윤리적 인간이 되고 만다. 영화에서 술은 중일전쟁 당시 국민당이 통치했던 지역, 이른바 '대후방大後方'을 묘사하는 소재로 활용된다. 중국에서는 이 영화를 두고 '훌륭한 좌익영화'라는 평이 적지 않다. 그런 점에서 생각해보면, 전쟁이 벌어진 상황은 아랑곳하지 않고 자신의 안위와 영달만 염두에 두고 살아가는 캐릭터를 만들어내는 과정에서 술은 절대 빠지지 않는다. 영화에는 술자리에서 가위바위보 놀이를 하거나 건배를 하는 장면이 자주 등장하는데 이는 당시 전쟁의 암운 속에도 오락에 빠져 사는 인물과 상황을 잘 보여준다. 중국 영화에서 '나쁜 남자'는 술에 취해 산다.

4
축배를 들거나
캐릭터를 창조하거나

1945년 중일전쟁이 끝났다. 일본은 패망했고 중국은 다시 국민당과 공산당으로 나뉘어 내전을 치렀다. 내전 중이었지만 적지 않은 영화가 만들어져 중일전쟁 승리를 축하했다.

〈팔천 리 길 구름과 달八千里路雲和月〉1947년은 스둥산史東山 감독의 연출로 선보였다. 장링위江玲玉라는 여학생은 고향에서 상하이로 유학을 와 이모집에 살고 있다. 중일전쟁이 일어나자 링위는 이모와 사촌오빠 저우자룽周家榮의 만류를 뿌리치고 체제 선전을 위한 연극대에 들어간다. 그녀는 같은 대원이었던 가오리빈高禮彬과 사랑에 빠진다. 전쟁이 계속되면서 그들은 충칭으로 건너가고, 자룽은 수완 좋게 돈을 번다. 전쟁이 끝나고 링위와 리빈은 결혼하여 리빈은 소학교 교사가 되고 링위는 기자가 되지만, 얼마 지나지 않아 리빈이 영양실조로 폐병을 얻게 된다. 링위는 자룽의 비리를 기사화하는 중에 체력이 쇠약해져 거리에서 쓰러지고, 병원으로 옮겨진 링위는 조산을 하고 만다.

영화는 전체적으로 중일전쟁의 승리 속에서도 여전히 해결되지 않은 사회문제를 비판적으로 다룬다. 그러나 전쟁의 승리라는 초점은 영화 앞부분을 매우 밝은 분위기로 이끈다. 특히 리빈과 링위의 결혼식에는 축배를 드는 장면이 나온다. 축배는 결혼에 이르게 된 신혼부부를 축하하는 뜻이지만, 전쟁의 승리를 축하하는 의미도 담고 있다. 함께 맞댄 술잔 속에 사랑과 평화의 뜻을 담겨 있다. 전쟁의 어려움에 직면한 중국 영화는 축배를 들면서 상하이 영화 이후의 역사를 준비하고 있었다.

사회주의 중국이 수립되면서 중국 영화는 이제껏 경험하지 못한 환경을 맞이하게 된다. 영화는 더 이상 오락을 위한 매체가 아니라 공산당의 방침을 선전하고 이데올로기를 전파하는 강력한 정치도구로 바뀌게 된다. 공산당은 영화를 통해 대중의 기호와 사상, 이념을 통제하려고 시도했다. 이 과정에서 중국 영화는 공산당 대 반공산당이라는 강력한 대립구도를 만들어내는 방식으로 이야기를 펼쳐나간다. 영화를 주도하는 도시도 수도인 베이징으로 바뀌게 된다.

영화 환경이 바뀌는 상황에서 술과 같은 소재는 제대로 취급받기 어렵게 되었다. 그동안 중국 영화에서 술은 부정적 인물이나 상황을 그리는 경우가 많았기에 자칫 잘못 다루면 정치적으로 위험한 소재가 될 수 있었다. 그렇다고 해도 영화에서 술이 완전히 사라진 건 아니다. 간혹 등장하는 술은 여전히 다양한 의미와 상징으로 스크린을 누볐다.

술은 때때로 즐거운 분위기와 미래에 대한 희망을 나타낸다. 천푸沈浮 감독의 〈노병신전老兵新傳〉1959년은 국민당과 공산당의 내전이 끝나갈 무렵 이야기다. 전쟁에 참가했던 병사들은 헤이룽장黑龍江 연안의 황무지 베이

따황北大荒에 가서 농토를 개간하라는 임무를 받는다. 이들은 눈 덮인 땅에서 봄이 오기까지 온갖 어려움을 이겨내며 개간사업을 벌인 끝에 풍작을 거두고, 마을 사람들과 추수의 기쁨을 나누며 함께 술을 나눈다.

1962년 선보인 코미디 〈금상첨화錦上添花〉는 어느 작은 마을의 기차역에서 근무하는 돤즈가오段志高라는 젊은이의 좌충우돌 이야기를 그렸다. 철도학교에 근무하는 젊은 교사 돤즈가오는

영화 〈금상첨화〉의 포스터

경험이 부족해 늘상 실수 연발이지만 자신의 일에 열정이 넘치는 인물이다. 한편 이곳의 역장은 생산대에서 일하는 한 중년 부인에게 마음이 있지만 고백을 하지 못한다. 돤즈가오와 젊은이들은 이를 눈치채고 발전기를 새로 만든다는 핑계로 두 사람을 연결해준다. 두 사람은 결국 혼례를 치르고 영화는 해피엔딩으로 마무리된다.

1950년대 말부터 1960년대 초까지 중국 사회는 말 그대로 격동의 세월을 보냈다. 새로운 국가 수립을 선포했지만 정치권력을 완전히 장악하지 못한 마오쩌둥毛澤東은 1956년 '쌍백방침'백화제방'과 '백가쟁명'을 함께 이르는 말'을 선포하고 반대파 의견을 경청하려고 한다. 그러나 반대파의 기세는 생각보다 거셌고, 이에 당황한 나머지 이들을 '우파분자'로 몰아 숙청하는 반우파투쟁1957년을 감행한다. 뒤이어 경제 부흥을 위한 대약진운동1958년을 대대적으로 펼치나 공동노동, 공동생산을 기치로 내걸고 이상적으로 추진했던 이 운동은 처절하게 실패한다. 엎친 데 덮친 격으로 1959년부터 1961년까지 3년 동안 중국 전역에는 대기근이 몰아치면서 수천만 명이 굶어 죽기에 이른다. 이런 상황에서 영화는 현실을 있는 그대로 반영하기보다는 사회주의의 풍요로운 미래를 판타지로 묘사해야만 했다.

〈노병신전〉은 황무지를 개간하여 풍작을 거두는 이야기이고, 〈금상첨화〉는 대약진운동 당시 행복한 마을의 모습을 그려냈다. 이 영화들에 등장하는 술은 추수를 끝낸 뒤 마시는 '추수주'이자 혼례를 치르며 마시는 '희주喜酒'이다. 그러나 사회주의 영화에서는 아무리 즐거운 상황에서도 술을 마시는 장면을 노골적으로 드러내지는 않았다. 두 영화 모두에서 술은 암시되기만 할 뿐 화면에서 사실적으로 그려지지는 않는다.

술은 영화의 캐릭터를 구축하는 데도 필요했다. 〈상감령上甘嶺〉1952년은 한국전쟁에 참전했던 중국 공산당군을 그렸다. 중대장은 쉽지 않은 전투를 치르면서 통신병에게 수통을 찾아달라고 부탁하고는 "물을 마시든 술을 마시든 해야겠다"고 내뱉는다. 이 장면에서 술은 악전고투하는 과정에서 드러나는 인물의 성격을 나타낸다. 〈불꽃 속 영생烈火中永生〉1965년은 국공내전이 끝나기 직전 충칭重慶의 상황을 그렸다. 장제江姐는 남편이 국민당에 피살된 뒤 농촌으로 건너가 무장투쟁에 투신한다. 그러나 동료의 배신으로 적에게 붙잡히고 투옥된 상태에서도 비밀을 누설하지 않는 강인한 성격을 보여준다. 장제의 동지인 쉬윈펑許雲峰은 쉬펑페이徐鵬飛가 마련한 음모의 술자리에서는 잔을 거절한다. 이 장면은 사회주의 중국이 영웅적 인물로 내세우는 캐릭터가 예리한 관찰로 기지를 발휘했다고 평가된다.

술은 여전히 부정적인 캐릭터나 상황을 묘사하기 위해서 활용되었다. 〈축복祝福〉1956년은 루쉰의 소설을 영화로 만든 것이다. 남편이 죽은 뒤 집에서 쫓겨난 샹린祥林은 루쓰魯四 영감 집에서 핍박을 당하며 일하지만 결국 시어머니에게 모은 돈을 모두 빼앗기고 만다. 루쓰는 지주계급을 대표하는 인물로 완고하고 보수적이며 인습에 찌든 영감이다. 샹린을 모질게 구박함으로써 결국 죽음에 이르게 하는 인물이기도 하다. 그의 식탁에 놓인 술잔은 인습과 권위에 찌든 캐릭터를 그려내는 데 일조한다.

5
세상을 붉게 물들인 술

    오랜 문화대혁명이 끝나고 개혁·개방의 시대가 왔다. 영화 인재를 길러내던 베이징영화대학北京電影學院은 문화대혁명 기간 문을 닫았다가 1978년 다시 학생을 받기 시작했다. 1982년에 학교를 졸업하고 사회에 나온 이들은 강박적일 정도로 이전과는 다른 영화를 찍겠다 고집했고, 혁명과 투쟁만을 이야기하던 중국 영화에 변화가 찾아왔다. 이른바 중국 영화의 '5세대'가 탄생한 것이다. 천카이거陳凱歌와 장이머우張藝謀가 대표적인 5세대 감독이다.

    술 이야기는 장이머우를 빼놓으면 할 수 없다. 그의 데뷔작 〈붉은 수수밭紅高粱〉1987년은 시작부터 끝까지 술 이야기다. 노벨문학상 수상 작가인 모옌의 소설 《홍까오량 가족紅高粱家族》을 각색하여 만들어진 이 영화는 1930년대 매매혼으로 문둥병에 걸린 술도가집 늙은이에게 팔려가는 비운의 소녀 지우얼九兒의 이야기로 시작된다. 불행인지 다행인지 혼례를 치르고 얼마 되지 않아 남편은 세상을 뜨고 지우얼이 술도가를 이어받게 된다. 신행길에 지우얼과 수수밭에서 사랑을 나눈 가마꾼 위잔아오余占鰲는 술도가에 찾아와 행패를 부리다가 새로 빚은 술에 오줌을 갈긴다. 그런데 웬걸, 그 술이 기막힌 맛을 내게 되고 술도가에서는 마을 이름을 본떠 '스바리주十八里酒'라고 부른다. 얼마 뒤 일본군이 들이닥쳐 산 채로 사람 가죽을 벗기는 등 만행을 저지르자 지우얼은 술도가 사람들과 함께 술항아리를 폭탄 삼아 일본군을 무찌를 계획을 세운다. 그러나 술폭탄은 때를 맞추지 못하고, 마을 사람들은 물론 지우얼까지 일본군에게 희생되고 만다. 수수밭은 불과 피로 온통 붉어진다.

영화 〈붉은 수수밭〉에서 스바리주를 완성한 지우얼, 그리고 술도가 사람들과 스바리주를 위한 의식을 치르는 위잔아오

스바리 언덕에서 일어나는 이야기는 시작부터 끝까지 술과 함께 펼쳐진다. 지우얼이 팔려가는 곳이 술도가였기에 돈깨나 있는 집으로 묘사된다. 갑작스럽게 죽음을 맞이한 남편 대신 지우얼이 술도가집이라는 사업을 이어받아 새로운 인물로 성장해나간다. 위잔아오는 영화의 내레이션을 이끌어가는 '나'의 할아버지로서, 그 역시 할머니와 함께 술도가를 이끌어가며 일본군을 몰아낼 궁리와 계책을 세우는 인물로 변모한다. 일본군을 무찌르기 위해 순박한 농민들이 가질 수 있는 무기라고는 술항아리밖에 없었다. 영화에서 술은 때로는 낭만적이고 때로는 문화적이며, 때로는 역사적이고 때로는 정치적인 소재로 활용된다.

장이머우는 술로 극적인 효과를 나타내기 위해 현실과는 다른 장치를 덧붙인다. 중국의 고량주는 '바이갈白干兒'이라고 불리기도 하는 만큼, 이른바 백주에 해당한다. 그러니 스바리주 역시 그 색깔은 투명하게 흰색이어야 한다. 그러나 소설에서와 같이 '붉은 수수밭'의 '붉음'을 강조하기 위해 영화에 등장하는 술을 붉은색으로 바꾸어놓았다. 감독은 비현실적인 영화적 장치로 자신이 말하고자 하는 메시지를 분명히 전달하려고 했다. 스바리주의 붉은 색깔은 낭만, 정열, 사랑, 의리, 투쟁, 민족, 저항 등 수많은 상징을 담아내고 있다. 특히 마지막 장면에서 붉은 술은 붉은 피, 붉은 노을의 이미지가 겹치면서 강렬한 영화적 이미지를 연출하는 데 손색이 없었다.

6
홍콩 무협은 역시 〈취권〉

　　홍콩 영화는 1950년대 이후 수많은 걸작을 만들어냈다. 특히 무협과 액션영화는 홍콩 영화를 대표하는 장르였다. 후진첸胡金銓은 1960~70년대 홍콩과 대만을 오가며 예술적인 무협영화를 연출했다. 대표적인 영화 〈대취협大醉俠〉1966년은 제목 그대로 '술에 취한 협객'을 등장시킨다. 우리나라에서는 이 영화가 〈방랑의 결투〉라는 제목으로 개봉되었다. 영화는 남장 여협객 진옌즈金燕子가 납치된 오빠 장부칭張步靑을 찾아 나선다는 이야기다. 그녀는 비적에게 잡혀간 장부칭을 찾기 위해 사방을 헤맨다. 남자도 쉽게 넘볼 수 없는 무술 실력을 갖추었지만 비적들의 계략으로 오빠를 구하는 데는 역부족이다. 결정적인 상황에서 강호에 숨어 지내던 협객 판다베이范大悲의 도움을 받는다. 그는 원래 절에서 수행하며 지냈으나 자신의 사형이 자리를 차지하기 위해 사부를 죽이는 상황을 맞이하게 되고, 사부는 죽기 직전 그에게 문파의 비밀을 넘겨준다. 그는 그때부터 거지 행세를 하며 신분을 숨기고 강호를 떠돈다.

거지 행세를 하는 '대취협'은 객잔客棧에서 구성진 노래를 부른다. "죄악으로 가득한 세상. 명예도 재물도 날 유혹하지는 못해. 영원한 건 없어. 그 무엇도 날 즐겁게 못해. 술뿐이야. 맛있는 술. 맛있는 술. 화주든 고량주든 뭐든 좋아. 세상은 슬픔으로 가득하지만 내 술통은 착한 마음뿐. 자랑스러운 내 술병!" 노래를 불러 술을 얻어먹으려던 그는 따라다니는 아이들과 함께 음식을 구해 나눠 먹는다. 그리고 진옌즈를 만나 협업을 하게 된다.

술은 여기서 강호를 떠도는 신비의 인물, 즉 무협에 내공을 쌓은 고수가 정체를 숨기고 위장하는 도구로 활용된다. 대체로 술에 취한 자가 자신의 무술 기량을 발휘하기란 쉽지 않기 때문이다. 객잔을 전전하며 술이나 얻어먹는 거렁뱅이에게는 경계심을 쉽게 풀어버릴 수 있다. 그렇다면 무엇보다 그는 적과의 대결에서 한 수를 더 접고 들어가게 되는 것이다. 후진첸의 이 영화는 홍콩 무협을 예술적으로 승화했다는 평가를 받았다. 특히 '취협'을 등장하게 함으로써 술과 무협을 연결한 발상은 이후 홍콩 영화의 중요한 소재를 제공하는 데까지 이른다.

이 영화의 영향으로 1967년에는 쉬셔우런徐守仁 감독이 연출한 아류작 〈여취협女醉俠〉도 등장한다. 〈여취협〉은 대만 영화인데 제목만 호금전 감독의 영화를 흉내 냈을 뿐, 영화적으로는 그다지 성공하지 못했다. 술에 취한 고수를 그린 영화는 한참 뒤 〈취권醉拳〉1978년이라는 제목으로 등장했다.

〈취권〉은 무협영화 연출의 대가인 위엔허핑袁和平 감독의 영화로 중국 액션영화의 대가 청룽成龍이 주연을 맡았다. 영화는 청 왕조 말기 황비홍

이야기를 다룬다. 뛰어난 무술 실력만 믿고 수련을 게을리하며 말썽만 피우던 황비홍은 아버지 뜻에 따라 취권의 고수인 소화자에게 가르침을 받게 된다. 황비홍은 숱한 어려움 속에서 수련을 마치게 되고 결국 취팔선권醉八仙拳을 전수받기에 이른다.

중국 전통 무술에는 수많은 권법이 있다. 영화 〈취권〉으로 널리 알려지기는 했으나, 취권 또한 매우 다양한 형식으로 전해왔다. 이 영화에서 취권은 '취팔선권'이 정식 이름이다. 이 권법은 우선 술을 마신 뒤 이리저리 비틀거리는 몸과 불안한 걸음걸이를 활용하여 적을 제압하는 방식이다. 황비홍 역시 이 권법을 익힌 뒤 아버지의 원수를 무찌른다.

〈취권〉은 코믹한 요소와 액션 장르를 결합하면서 이후 청룽의 대명사가 되었다. 청룽 이전의 홍콩 무협과 액션은 대체로 진지한 내용이었으나 청룽은 진지한 액션에 자신만의 코믹한 요소를 섞어 새로운 홍콩 영화를 만들었다. 취권은 그런

영화 〈취권〉에서 주인공 청룽(오른쪽)의 모습

코믹한 요소를 만들어내는 데 더할 나위 없는 방법이었다. 실제로 술을 마실 수도 있지만, 술에 취한 척하는 몸동작으로 보여주는 '풀어진' 액션을 통해 관객들은 "강호에 떨어진 의리를 구해야 한다"는 진지한 무협의 정신을 흥미로운 방식으로 즐길 수 있게 되었다.

〈취권〉의 인기로 대만에서는 아류작 〈취권여도수醉拳女刀手〉1979년 같은 영화가 만들어지기도 했지만 한참 뒤 〈취권〉의 후속작이 만들어졌다. 〈취권 2〉1994년와 〈취권 3〉1994년가 1990년대 중반에 잇달아 개봉했고, 〈소취권小醉拳〉1995년 같은 영화도 선보였다.

술에 취하고, 영화에 취하고

술에 취한 중국 영화는 영화가 꼭 가져야만 하는 요소, 즉 이야기, 그림, 소리라는 세 요소와 어우러져 중국의 독특한 문화와 사회를 반영하면서 예술적·문화적 성취를 이뤄왔다. 하지만 중국 영화는 여전히 공산당의 강력한 이데올로기 통제 아래 놓여 있고, 최근에는 시진핑 정부의 부정·부패 일소 정책에 따라 술에 관한 장면을 연출하기가 쉽지 않게 되었다. 그러나 중국은 전 국가적인 목표로 세계 경제 대국으로 나아가는 과정에서 인간과 세계를 아우르는 보편적인 문화코드로서 술을 언제까지나 외면하기는 어려울 것이다. 머지않아 세계 최대 영화시장을 만들어내게 될 중국 영화에서 술은 앞으로도 캐릭터를 창조하고 이야기를 빚어내는 새로운 형식과 스타일의 소재이자 도구로 활용될 것이다.

알아두면 쓸데 있는 성어

■ 파주지오把酒持螯

　진晉나라 필탁畢卓은 "술 수백 곡을 배에 가득 채우고, 배 양 끝에
달콤한 안주를 놓고, 밤낮없이 오른손으로는 술잔을 잡고, 왼손으로
는 게의 집게발을 쥐고 놀면 일생이 만족스럽겠다"고 하였다. 여기에
서 유래한 파주지오把酒持螯는 '가재 안주에 술을 마시다'는 뜻으로,
술을 마시는 즐거움과 인생의 큰 즐거움을 비유한다.

　중국 사람들은 가을바람이 불고 국화가 활짝 필 때면 노랗게 살이
오른 게를 떠올린다. 이백의 시 〈월하독작月下獨酌〉에 "게와 가재는
신선들의 선약이고, 술지게미 쌓인 언덕은 봉래산이라. 맛 좋은 술
마시며 달 타고 누대에 올라 취해보리라"라는 시구가 있다. 좋은 술
에 게와 가재 안주가 있으면 거나하게 취해도 좋다는 의미이다.

청대 화가 임백년任伯年의 〈파주지오도把酒持螯圖〉

다섯 번째 출간

여섯 번째 술잔

거물들의 혁명 동지, 술

후대에 길이 남을 역사의 순간에 술이 빠졌던 적이 있던가. 여기 중국 역사를 이끌고 만들었던 굵직한 거물들이 있다. 그리고 그 옆에는 화려하게 차려진 술상이든 소소한 술상이든 늘 술이 있다. 이제까지 시·소설·영화에 투영된 술맛은 충분히 맛보았으니 이제 혁명을 이끌었던 거물들이 동지로 삼고 전략적 도구로 삼았던 술의 현실에서의 속사정을 들어보자.

루쉰:
술로 중국인을 빚다

루쉰은 중국을 대표하는 문학가이자 사상가로 알려져 있다. 루쉰 하면 떠오르는 이미지는 담배를 들고 있는 모습이다. 실제로 루쉰은 애연가로 알려져 있으며 담뱃대는 루쉰을 대표하는 상징물의 하나이다. 아마도 담배가 글을 쓰는 과정에서 깊은 사색으로 고뇌를 풀어주는 매개체였을 것이다. 그렇다면 애연가로 널리 알려진 루쉰에게 술은 어떤 의미였을까? 루쉰에게 술은 삶의 소재로서 술과 작품의 소재로서 술로 나누어볼 수 있다.

🫖 모자라지도 지나치지도 않게

루쉰 작품에는 술꾼, 술, 술집 등 술과 관련한 소재가 자주 등장한다. 이 때문에 우리는 과연 루쉰이 술을 좋아했는지, 루쉰도 작품 속 주인공들처럼 술을 잘 마셨는지에 대한 의문을 품게 된다. 루쉰의 음주 이야기는 1912년부터 1936년까지 25년 동안 쓴 일기에서 찾아볼 수 있다. 일기에는 단오에 소주 여섯 잔과 포도주 다섯 사발을 마셨다는 등 언제 무슨 술을 마셨다는 기록이 있고, 베이징에 있을 때는 '산부잔三不粘'[1]을 먹기 위해 자주 '광허쥐廣和居'에 갔다는 기록도 있다. 산부잔이 해장에 좋은 음식이라고 하는 것으로 봐서 루쉰도 술을 꽤나 즐겼던 것을 알 수 있다.

루쉰의 삶에서 술은 벗과 교류를 더욱 풍성하게 해주기도 했다. 지인들의 기억 속에서 루쉰은 집에서 혼자 술을 마시는 일은 거의 없었고, 주로 친구와 이야기하며 마시거나 손님을 대접할 때만 술을 입에 댔으며, 주종을 가리지 않았다. 루쉰을 가장 가까이에서 지켜본 부인 쉬광핑許廣平에 따르면, 루쉰은 취할 것 같으면 술 마시기를 멈췄다고 하는데, 이는 루쉰의 부친에 대한 좋지 않은 기억 때문이다. 루쉰의 유년 시절, 부유했던 집

---

1 '산부잔(三不粘)'은 계란노른자와 밀가루, 설탕 등으로 만든 간식용 음식으로 카스텔라와 비슷하다. 그릇, 수저, 치아에 들러붙지 않는다고 하여 '산부잔'이라고 한다.

안이 몰락했고, 부친은 그때 받은 충격으로 이전과 다르게 매일 술을 마시고 주정을 부리며 화를 냈는데, 그때 기억이 강하게 남아서 절대로 과음하지 않았다. 루쉰에게 술은 벗들과 함께 나누고 싶은 정情이지만, 불우한 유년 시절의 기억을 떠올리게도 해서 마음 놓고 나눌 수만도 없는 절제가 필요한 이중적 의미를 가진 것이었다.

술에 취한 중국인을 깨우다

젊은 시절 사람을 살리기 위해 메스를 잡으려고 했던 루쉰은 참담한 중국의 현실을 보고 붓을 들어 작가가 되었다. 당시 중국인에게 신체적 치료보다 정신을 치유하는 것이 더 필요하다고 생각했기 때문이다. 루쉰의 작품에는 세상에 적응하지 못하는 몰락한 선비와 지식인 그리고 중국의 전형적인 하위계층인 농민 등 다양한 계층의 사람들이 등장한다. 이들 대부분은 술꾼이고, 루쉰이 일평생 지켜봐왔던 중국인의 모습이다. 루쉰의 글에는 이들에 대한 신랄한 풍자와 자조가 뒤섞여 있지만, 어서 술에서 깨어나 부패하고 어지러운 현실을 각성하고 계몽하길 바라는 애정 어린 애틋한 마음이 더 진하게 담겨 있다.

여섯 번째 술잔

ㄹ
마오쩌둥:
"나는 술을 좋아하지 않는다.
혁명을 그르칠 수 있기 때문이다"

보통 카리스마가 강한 지도자들은 말술도 사양하지 않는다는 두주불사
斗酒不辭를 연상케 한다. 특히 술이라면 다른 민족에게 뒤지지 않을 만큼
애정이 있는 중국인, 게다가 현대 중국을 탄생시킨 마오쩌둥毛澤東이라면
독한 백주를 호방하게 들이켜는 모습이
자연스레 떠오르지만 실제로 그는 그렇지
않았다. 마오쩌둥은 술을 즐기지 않았는
데 특별한 경우가 아니면 거의 술을 입에
대지 않았고 주량도 몇 잔 정도였다고 한

다. 연회에 술이 빠지면 안 되는 중국의 전통 관습과 술을 즐기지 않는 혁명 지도자, 이 간극을 마오쩌둥은 어떻게 메웠을까? 술과 관련된 두 가지 일화에서 그의 술자리 상황 대처법을 볼 수 있다.

주량보다 재치로

1949년 1월 31일 소련의 특사 미코얀이 중국을 방문했을 때 외국의 고위관료를 환영하는 성대한 만찬이 열렸다. 시베리아에서 생활했던 미코얀은 40도가 넘는 보드카를 즐겨 마시는 사람이었다. 만찬의 분위기가 무르익어 흥이 오른 미코얀은 마오쩌둥에게 연이어 술을 권했다. 술에 별 흥미가 없는 마오쩌둥으로서는 난감한 상황이었으나 곧 한 가지 제안을 했다.

"술만 마시지 말고, 술 한 잔에 매운 고추 하나를 먹으면 어떨까요?"

미코얀은 별 의심 없이 이 제안에 응했다. 사실 마오쩌둥은 후난 샹탄湘潭 사람인데 후난 사람들은 매운 것을 잘 먹기로 유명했고 그 역시 매운 음식을 아주 즐겼다. 비록 술은 약했지만 매운 고추는 끄떡없었다. 잠시 후 매운 고추를 먹고 얼굴이 붉게 달아오른 미코얀을 보고도 마오쩌둥은 능청스럽게 연이어 건배를 제의했다. 결국 얼굴이 벌게진 미코얀이 한 걸음 물러섰다.

"이렇게 마실 수는 없겠습니다."

"그럼 제가 술 한 잔 마시면 특사께서 고추를 하나 드시기로 할까요?"

"아닙니다. 차라리 제가 술을 한 잔 하면, 주석께서 고추를 하나 드시는 게 좋을 것 같습니다."

두 사람의 만찬은 백주와 고추의 대결이 되었고, 마침내 미코얀은 엄청나게 취하고 말았다는 후문이다.

여섯 번째 흥관

마오쩌둥은 담배와 매운 음식을 즐기기로 유명했으나, 유독 술은 즐기지 않았다. 중국 혁명 시기에 동생 마오쩌탄毛澤覃과 오랜만에 조우했을 때 혁명이라는 뜻을 함께 품고 모진 고생을 견디던 형제가 만났으니 얼마나 반가웠을까? 마오쩌탄은 그리워하던 형을 만난 기쁨에 술을 권했다. 마오쩌둥이 웃으면서 말했다.

"술을 마시면 일을 그르칠 수 있다. 너는 좋을 대로 하거라."

과연 혁명가는 혁명가다.

🫖 유물이 된 혁명가의 술

마오쩌둥의 고향 샹탄의 샤오산韶山에 설립된 그의 기념관에는 마오쩌둥의 유물이 많이 전시되어 있다. 그중 이목을 끄는 것은 큰 유리병에 담긴 술인데, 이 술은 일명 '마오쩌둥의 술'이라 불린다. 술을 그리 좋아하지 않았던 마오쩌둥이 왜 이런 술병을 간직하고 있었을까? 이 술은 중국의 국가명주인 마오타이주로 만들었는데 안에는 고려인삼이 들어 있는 인삼주이다. 이 인삼은 북한의 김일성 주석이 마오쩌둥에게 선물한 것이다. 마오쩌둥의 측근들은 인삼을 마오타이주에 담가 약주로 만들면 마오쩌둥이 숙면을 취하고 기력을 회복하는 데 도움이 될 것으로 생각해서 인삼주를 만들었다. 하지만 인삼주로 담근 지 몇 년이 지나 측근들이 마오쩌둥에게 여러 차례 마시길 권해도 마오쩌둥은 전혀 입에 대지 않았다. 결국 그가 죽은 뒤에 유물로 남아 기념관에서 전시되고 있다.

마오쩌둥기념관에 전시된 일명 '마오쩌둥의 술'

3

저우언라이: '마오타이주'와 함께한 최고의 외교관

저우언라이周恩來는 신중국의 개국공신이자 건국의 아버지라 평가받는다. 그는 마오쩌둥을 만든 킹메이커로 국민의 존경을 한 몸에 받으며 중국인의 가슴에 깊이 자리한 영원한 총리이다. 그는 음주를 좋아하고 주량도 상당했다. 대장정1934~35년. 중국 공산군의 1만 5,000km에 달하는 대행군 기간에 저우언라이는 번잡한 일들을 마친 후 술 몇 잔으로 피로를 달래려다 어느덧 25잔을 넘겨버렸다. 그런데도 멀쩡한 정신으로 부하와 함께 이때 마신 마오타이주의 양조장과 저장고를 둘러보고, 홍군 병사들이 나눠 마실 술을 사왔다. 항일전쟁에서 승리한 뒤, 국민당과 벌인 충칭담판에서는 술이 약한 마오쩌둥을 대신하여 많은 술을 마셨음에도 뛰어난 언변으로 회의의 주도권을 놓지 않았다. 실용적인 행정관이자 노련한 외교관인 저우언라이는 외교 자리에서 특히 술을 이용해 분위기를 적절히 주도하기도 했다.

외교의 모범, 그리고 마오타이주

1954년 4월, 저우언라이는 중국 대표단을 이끌고 스위스 제네바 정치회의에 참가해 국제 정치무대에 데뷔했다. 당시 강대국인 미국의 국무장관, 프랑스의 외무장관, 소련의 외상, 영국의 외무장관과

회담하면서 범상치 않은 견해와 재능을 발휘하며 적극적인 외교활동을 펼쳤다. 회의 이틀째 되는 날 중국대표단이 주최하는 파티가 열렸는데, 이 파티에서 신중국 건국 이후 공산당이 문화진흥에 힘쓰고 있다는 것을 전 세계에 알리고자 〈양산박과 축영대梁山伯與祝英臺〉라는 영화를 상영하였다. 동시에 마오타이주로 각국 대표들과 교류를 이어나갔다. 그가 귀국한 후 제출한 보고서에는 이렇게 기술되어 있다. "제네바회의에서 우리의 성공을 도와준 '타이'가 두 개 있다. 하나는 마오'타이'주이고, 또 하나는 주잉'타이'2이다."

---

2 〈양산박과 축영대〉는 중국 전통 민간설화를 바탕으로 한 남녀 간의 비련의 사랑 이야기로 원음 발음은 '량샨보 허 주잉타이'이다.

🫖 마오타이주를 국주로

1969년 미국은 오랜 냉전체제를 청산하자는 '닉슨 독트린'을 발표하였고, 1972년 '상하이공동성명'이 발표되었다. 이는 20여 년간 적대관계였던 미국에서 대통령이 중국을 방문해 중·미 양국 관계를 정상화한다는 내용을 담고 있다. 이후 두 나라는 '핑퐁외교'라 불리듯 스포츠와 문화 분야로 시작하여 점차 교류가 빈번해졌다. 이 과정에서 저우언라이의 활약을 빼놓을 수 없다. 1971년 7월 중국과 국교를 수립하기 위해 미국의 대통령 닉슨은 국가안보보좌관이자 국무장관이었던 헨리 키신저를 비밀리에 중국으로 보냈다. 이는 1949년 중화인민공화국 성립 이후 중·미 양국의 첫 번째 고위급 회담이었다.

키신저를 맞이한 중국의 대표는 저우언라이였다. 이 자리에서 대만과 베트남 등 여러 가지 문제에 대해 긴 시간을 들여 논의하였고, 저우언라이는 닉슨의 중국 방문을 요청하였다. 당시 키신저는 대통령이 지시한 비밀 임무를 맡아 긴장한 상태였고, 중국은 첫 방문이었으므로 모든 것이 낯설었다. 저우언라이는 키신저 일행에게 마오타이주를 권하며 농담을 건네 긴장을 풀어주었고, 화기애애한 분위기를 이끌어갔다. 이후 키신저는 저우언라이에 대하여 '현실을 예리하고 정확하게 판단하며, 자신의 주장만 펼치지 않고 양국의 견해차를 줄이기 위해 상대방 의견을 수용할 줄 아는 탁월한 외교가'라고 평가하였다.

1972년 2월 미국 대통령 리처드 닉슨이 마침내 중국을 방문하였다. 중국 측은 30년산 마오타이주를 연회용 술로 준비하였다. 저우언라이는 닉슨에게 대장정 중 마오타이

닉슨과 잔을 부딪치는 저우언라이

여섯 번째 술잔

주로 군사들을 치료하고 사기를 북돋은 이야기 등을 들려주었고, 닉슨은 에드거 스노의 《중국의 붉은 별》에서 읽은 내용으로 화답하며 부드럽고 자연스러운 대화를 이어갔다.

이러한 장면은 각국 외신 기자들의 카메라를 타고 전 세계로 방송되었고, 마오타이주와 함께한 '건배' 장면은 전 세계에 냉전의 종식을 알리는 역사적인 장면으로 기억되었다. 일명 '마오타이외교茅臺外交', '주탁외교酒卓外交'라고도 불리는 저우언라이의 외교 자리에서 마오타이주는 혁혁한 공을 세웠고, 외교무대를 빛내는 국주國酒라는 별명을 얻었다.

4

덩샤오핑:
술창을 열어
인민을 위로하다

덩샤오핑鄧小平은 '최고의 애연가'라는 칭호를 가지고 있다. 80세 때 흡연의 10대 장점론을 제창할 만큼 열렬한 담배 예찬론자였다.

그는 술도 좋아했다. 프랑스 와인을 좋아했지만, 구이저우의 마오타이주와 항저우의 황주를 더 좋아했다. 문화대혁명 시기인 1970년대 초 하방下放, 지식인을 노동 현장으로 보냄되어 장시江西에 있을 때 마오타이를 마실 수 없게 되자 현지의 가장 저렴한 술을 마시거나 때로는 쌀로 직접 술을 빚어 마시기도 했다. '사인방四人幇, 문화대혁명 기간에 권력을 휘두른 공산당 지도자 네 명'이 척결된 후에는 "이제 노후를 편안하게 보낼 수 있겠다"고 말하며 마오타이 20잔을 연거푸 마셨다고 한다. 1989년 군사위원회 주석 자리에서 물러난 뒤 은퇴한 동료들과 함께한 술자리에서 마오타이 6잔을 연속해 마시고도 얼굴색이 변하지 않았다고 한다.

🫖 술보다 사람 먼저

개혁·개방으로 현재의 중국을 만든 지도자 덩샤오핑을 주제로 한 드라마와 다큐멘터리가 여러 편 제작되어 방영되었다. 시청률 또한 상당했는데 높은 시청률이 중국 사람들이 그를 얼마나 좋아하고 그리워하는지를 보여준다. 그중 한 드라마에 술과 관련된 장면이 나온다.

덩샤오핑이 시난西南 지역 정치위원으로 있을 때 동고동락한 부하가 덩샤오핑의 사무실 책장에 있는 마오타이주와 우량예를 몰래 가져가려고 한 걸 눈치채고 그 연유를 물었다. 곤경에 처한 고향 후배를 만나러 가는데 그 후배가 술을 좋아해 선물하려 한다고 했다. 덩샤오핑은 그의 사정을 듣고 기꺼이 그 술을 가져가라고 내주면서 그 후배가 자기 사상을 개조하여 공산당원으로서 더 나은 모습을 보이면 그때는 술장의 술을 모두 주겠다고 약속했다. 그의 개방적이고 유연한 면모가 부각되는 장면으로 부하, 인민과 동고동락하는 지도자로서의 리더십을 엿볼 수 있는 대목이다.

🫖 황주 두 잔과 해바라기씨

그의 일상은 소탈하고 규칙적이었다. 스스로 엄격한 규율을 정하고 철저하게 그 규칙에 따라 생활했다. 아침은 8시, 점심은 12시, 저녁은 6시 30분, 식사시간도 수십 년간 변함이 없었다. 아침은 계란, 만두, 죽, 소금에 절인 고추, 점심과 저녁은 반찬 네 가지와 탕 하나가 전부였다. 점심을 먹을 때는 항상 백주를 한두 잔 마셨다. 낮잠을 청하는 데 도움이 되기 때문이다. 후에 의사가 그의 건강을 고려해 백주를 마시지 말라고 권유하자, 백주 대신 도수가 낮은 황주 샤오싱주소흥주를 마셨다. 식사할 때 작은 잔에 샤오싱주를 마셨는데 정해진 양을 넘지 않았다. 몇 년 뒤 의사의 권유로 도수

황주 두 잔과 해바라기씨

가 더 낮은 백포도주를 마시다가 나중에는 완전히 끊었다. 이러한 엄격한 자기관리와 절제가 93세까지 장수한 비결 아닐까?

5

시진핑: '중국의 꿈'을 이야기하다

2000년대 중반 이후 중국 경제의 빠른 성장과 접대문화의 영향에 힘입어 백주는 어느 때보다 호황을 누린다. 수백 위안을 넘어 수천 위안 하는 고급주까지 나오며 전성시대를 맞는다. 비즈니스를 위해 고급 식당에서 삭스핀, 제비집 등 최고급 해산물요리에 맞추어 마오타이, 우량예를 마시는 저녁문화가 만들어졌다.

🏺 백주에 불어닥친 반부패 광풍

'호랑이고위 비리간부든 파리중하급 비리관리든 다 때려잡자.' 시진핑習近平은 2013년 집권하자마자 강력한 반부패정책을 추진한다. 향락주의 등 4대 악

풍을 타도하고 3공公경비공금을 사용하는 외유, 관용차, 접대 절감을 강조하는 캠페인을 펼침으로써 민심을 끌어들이며 정권을 안정화하는 데 성공한다. 기존에도 새로운 권력층이 들어설 때마다 반부패라는 깃대를 들었으나 시진핑은 형식적인 선에서 그치지 않고 매섭게 몰아쳤다. 시진핑은 '식사 몇 번, 술 몇 잔, 선물카드 몇 장이 온수자청와溫水煮靑蛙, 서서히 데워지는 물 속의 개구리는 결국 뜨거움을 모르고 죽게 됨를 만든다'며 작은 부정이나 부패의 위험성을 깨닫지 못하고 이에 물들면 결국 큰 후회를 할 것이라고 경고했다. 그러자 중국의 모든 관리는 몸을 낮추고 접대와 선물을 극히 조심하게 된다. 이에 따라 고급 백주의 판매 급감으로 대형 백주기업들도 생존의 위협을 받게 되었고, 2013~2014년 저장성에서만 술과 담배를 파는 전매점이 2,000군데 이상 폐점했다.

🏺 '시주'와 '멍즈란'

시진핑 정부 이후 큰 어려움을 겪던 백주 시장에서 오히려 시진핑을 활용한 마케팅으로 틈새시장을 공략하는 브랜드도 생기는데, 시주習酒가 대표적이다. 시주는 구이저우 마오타이 산하의 서브 브랜드인데, 시진핑 주석과 같은 '시習'자를 마케팅에 활용해 매출액이 2012년 5,000억 원30억 위안에서 2013년 무려 8,000억 원으로 급격히 증가한다. 그러나 시진핑 주석이 '중국의 꿈中國夢'을 이야기하면서 중국을 대표하는 술로 새로운 대세로 떠오르는 브랜드가 있으니, 바로 '멍즈란夢之藍'이다.

시진핑의 '중국의 꿈'은 단순히 잘사는 사회인 '샤오캉小康'을 뛰어넘어 2050년 미국을 추월한 초일류국가를 이루는 것이다. 중국 국가의 꿈이며 민족의 꿈으로 전 세계 GDP의 4분의 1을 차지하던 이전의 영화를 되찾겠다는 야망이다. 백주 '멍즈란'은 '하늘보다 넓은 중국인의 꿈'이라는 뜻으로, 8대 주류 기업인 '양허따취洋河大曲'에서 최고급 백주 시장을 겨냥해 만든 브랜드이다. 이 술은 '하이즈란海之藍', '티엔즈란天之藍', '멍즈란夢之藍'의 등급으로 나누어 '양허'와는 별개로 마케팅하고 있다. 세상에서 가장 넓은 것은 바다海이며, 바다보다 넓은 것이 하늘天이고, 하늘보다 넓은 것이 중국인의 꿈夢이라고 해석되고 있다. 도수는 41~52%이며, 품질에 따라 M1, M3, M6, M9 등으로 나뉘는데 숫자가 높아질수록 비싸다. 또 특별 고급품으로 5A 제품이 추가되었다.

멍즈란 광고 포스터

이 브랜드는 시진핑 주석이 주창하는 '중국의 꿈'과 일맥상통해서 시진핑 주석이 즐겨 마실 뿐만 아니라 정부기구의 내부 행사에도 자주 쓰인다고 한다. 시진핑이 즐겨 마시는 술로 알려지면서 '주석의 술'로 여겨지고 있으며, 국주國酒라는 마오타이와 구별하여 '신국주新國酒'라고 지칭되기도 한다.

알아두면 쓸데 있는 성어

■ 체견두주彘肩鬥酒

초나라의 항우項羽와 한나라의
유방劉邦이 진나라 도읍인 함양을
두고 대립하던 때의 홍문연鴻門宴
일화는 이미 잘 알려져 있다. 체
견두주라는 말도 이 일화에서 비
롯되었다.

홍문연에서 칼춤을 추는 함장과 항백

항우가 자신을 죽이려 한다는
소식을 전해들은 유방은 예를 갖
춰 항우를 찾아간다. 항우는 홍
문에서 연회를 열어 유방을 대접하지만 항우의 책사 범증의 지시에
따라 함장이 칼춤을 추며 유방의 목을 치기 위해 호시탐탐 기회를
엿본다. 이를 알아챈 유방의 책사 장량이 급히 장수 번쾌를 불러들
이고, 연회장 안으로 번쾌가 뛰어들어오자 항우가 칼을 잡고 일어나
물었다. "이자는 누구인가?" 장량이 대답했다. "패공을 시위하는 장
수입니다." 항우는 번쾌의 기상을 가상히 여겨 말했다. "이자는 장사
로구나. 술과 고기를 줘라." 번쾌는 감사의 예를 표한 후 단숨에 술
을 들이켰다. 그러고는 칼을 들어 익히지 않은 돼지 앞다리를 썰더니
그대로 씹어먹었다. "장사로다. 더 마실 수 있겠는가?" 항우가 묻자
번쾌가 대답했다. "신은 죽음도 피하지 않는 사람인데 어찌 술 몇 말
을 사양하겠습니까?"

번쾌의 기개에 감동한 항우는 유방을 죽이려는 마음을 접었고, 그
틈을 타 유방은 무사히 빠져나올 수 있었다.

'돼지 앞다리고기와 한 말의 술', 즉 체견두주彘肩鬥酒는 번쾌와 같
은 장수의 호기롭고 씩씩한 기개에 주량이 많은 사람을 비유한다.

일곱 번째 술잔

숫자로 보는 중국술

14억 명이 넘는 인구로 인구수 세계 1위인 중국은 방대한 인구만큼
이나 수치로 나타낼 수 있는 건 웬만하면 모두 최상위권이다. 술에 관
해서는 어떨까? 술에 대한 자부심과 애정이 대단한 만큼 당연히 세계
어느 나라보다 더 많은 술을 생산하고 소비하지 않을까? 숫자를 통해
중국의 술 산업과 술문화를 하나하나 들여다보자.

중국의 술 산업

1 | 중국의 술 소비 규모와 가격

🏺 1인당 술 소비량

실망스럽게도 중국인의 음주량은 다른 국가와 비교할 때 그렇게 많지 않다. 중국의 인당 술 소비량은 2013년 기준으로 연간 약 6리터인데, 이는 세계 평균에도 한참 못 미치는 수준이다. 참고로 한국의 인당 음주량은 연간 9리터로 OECD 국가 평균 수준이다. 술을 많이 마시는 동유럽의 국가들은 연간 12~14리터를 소비하는 것으로 알려져 있다. 중국은 한국 음주량의 3분의 2, 동유럽 국가의 2분의 1 수준에 불과한 것을 알 수 있다.

▼ 국가별 성인의 술 소비량 (단위: L/인)

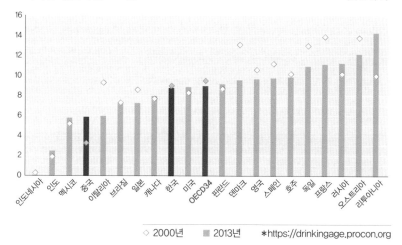

◇ 2000년　■ 2013년　＊https://drinkingage.procon.org

　　국가별 맥주 소비량을 보면 2016년 중국은 457억 리터로 압도적인 세계 1위이다. 그러나 1인당 맥주 소비량 기준으로 보면, 중국은 2017년 연간 34리터로 겨우 세계평균을 넘어서게 되었을 뿐이다. 이는 한국과 매우 비슷한 수준이며, 독일을 비롯한 유럽, 미국, 러시아, 브라질 등은 모두 중국보다 상당히 높은 수준을 보인다. 중국의 미래 10년간 맥주 소비량에 대한 통계를 보면 연간 −1% 정도 성장률로 지속적인 정체가 예측되며, 소비량은 500억 리터에서 정점을 이룰 것으로 예상된다.

▼ 2017년 국가별 1인당 맥주 소비량 (단위: L/YR)

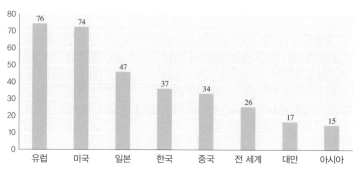

술 소비시장의 규모

2016년 중국의 총주류 판매액은 약 1조 위안약 170조 원으로 전년보다 8% 증가하였으며, 2013년부터는 매우 완만하게 상승하고 있다. 이를 14억 인구로 계산하면 1인당 연간 715위안약 12만 원 정도를 음주에 쓰는 셈이다.

▼ 중국 주종별 판매 수입 (단위: 억 RMB)

주종	2011	2012	2013	2014	2015	2016	연간 증가율
알코올	631.40	693.62	830.35	781.45	799.92	781.53	4.36%
백주	3,746.67	4,466.26	5,018.01	5,258.89	5,558.86	6,125.74	10.33%
맥주	1,589.36	1,611.73	1,814.08	1,886.24	1,897.09	1,832.69	2.89%
포도주	384.60	438.46	408.17	420.57	462.64	484.54	4.73%
황주	117.94	134.32	153.91	158.56	181.94	198.23	10.94%
기타	161.50	202.82	228.68	272.33	328.72	357.90	17.25%
합계	6,631.47	7,547.21	8,453.21	8,778.04	9,229.17	9,780.63	8.08%

＊국가 통계국, 중화보험연구소

중국의 술 산업은 2000년 이후 경제성장 속도에 따라 빠르게 확대되었다. 그러나 2013년 이후 시진핑 체제는 반부패정책의 핵심으로 3공경비 절감을 강력히 추진하고 있다. 이로써 주류 시장은 순식간에 정체에 빠지고 조정기로 들어갔으며, 2017년 이후에야 서서히 회복하게 된다.

주종별 판매 수입을 보면 백주 소비량이 금액 기준 65% 이상으로 단연 1위를 차지하고, 그다음 맥주가 약 1,900억 위안으로 2위이며 상당한 차이를 두고 포도주, 황주 등이 순위에 올라 있다. 2010년부터 2021년까지 주종별 소비량 증가율을 살펴보면, 맥주는 소비량은 가장 많지만 마시는 양이 꾸준히 줄어드는 것을 알 수 있으며, 백주는 작은 범위지만 조금씩 성장하고 있다.

맥주 매출액은 소비자의 소득수준, 소비자 가격에 많이 의존하는데, 2000년 이후 2017년까지 4~5배 수준으로 대폭으로 상승하였다. 그러나 2013년 이후 매출액 증가율은 계속 줄어들고 있으며, 특히 이익률은 더 많이 감소해 일반 저가주를 생산하는 칭따오靑島맥주와 화룬쉬에화華潤雪花맥주는 2016년 이익이 전년과 비교하여 각각 39%, 6%까지 감소하였다. 황주 매출액은 전체 술 시장 점유율은 높지 않으나, 2011년 120억 위안2조원 내외에서 2016년 200억 위안으로 매우 빠르게 성장해왔으며, 향후 10년 동안 계속 발전할 것으로 전망되고 있다.

🏺 중국술, 얼마에 팔리고 있을까

중국의 평균적인 술 가격은 백주가 16~18U$/리터로 가장 높고, 그다음 와인이 8~10U$/리터, 맥주는 1.5U$/리터로 가장 낮게 형성되어 있지만 아주 완만하게 상승하고 있다.

백주는 일반적으로 가격에 따라 병당 600위안(약 10만 원) 이상의 최고급주, 100~600위안의 중고급주, 그리고 100위안 이하의 저가주로 크게 나눌 수 있다. 백주는 최고급주, 중고급주 등 비교적 고가 제품이 오랫동안 시장을 주도해왔으며, 이 시장은 몇 개 선두업체에서 지배하고 있다. 백주를 구매하는 결정 요인은 브랜드 인지도와 가격이 각각 30% 이상으로 가장 큰 비중을 차지한다. 다음으로 맛과 향, 프로모션 순으로 새로운 홍보나 광고 효과가 크지 않음을 알 수 있다. 연령대별 선호도를 살펴보면, 주소비층은 30대가 50%를 차지하며, 그다음으로 40대가 30% 정도이다. 이는 중장년 세대가 비교적 경제적으로 여유도 있고, 백주문화에 대한 거부감도 적기 때문인 것으로 생각할 수 있다. 즉, 전국적인 인지도를 가진 브랜드와 가성비가 높은 술이 발전 가능성이 높다. 따라서 향후 시장은 중고급주의 성장이 가장 빨라 100~600위안 제품이 주류를 형성하고, 그다음 최고급주, 저가주 순서로 예상된다.

맥주도 소비자들의 소득수준이 향상됨에 따라 고가 이상 제품이 시장에서 빠르게 성장하고 있으며, 2003~2017년 기간 소비자 가격은 리터당 5.5위안에서 12위안으로 상승하였다. 그러나 2017년 기준 중국 소비자 맥주 가격인 리터당 12위안은 여전히 세계 평균가격의 55% 수준으로, 가장 비싼 곳인 홍콩, 일본, 영국 등과 비교하면 약 4분의 1 가격에 지나지 않는다. 바꾸어 말하면 중국에서는 상당히 수준 높은 맥주를 생수처럼 저렴하게 즐길 수 있는 셈이다.

▼ 2017년 국가별 맥주 가격 비교 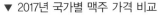 (단위: RMB/L)

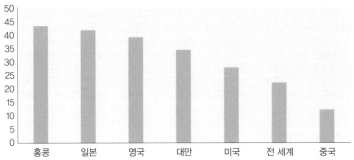

2 | 술 산업의 발전과 시장구조

중국의 술 생산량은 2016년 기준 약 7,200만 킬로리터로 세계 최고 수준을 유지하고 있다. 생산량 기준으로는 맥주 70%, 백주 20%, 그다음이 포도주 순이다.

고성장기를 지나 침체기에 들어섰던 술 산업은 치열한 생존 경쟁에 부딪혀 비용 절감과 마케팅 수단의 다양화 등 여러 노력을 기울이고 있다. 한편으로는 활발한 기업 인수·합병을 통한 덩치 키우기가 한창이다. 2010년 이후 업체 간의 인수·합병이 매우 활발히 일어났으며, 특히 2016년을 정점으로 대형 인수 건이 많았다. 구징古井기업이 황허러우黃鶴樓주업을 인수한 80억 위안1조 3,000억 원대의 대형 합병이 있었으며, 수천억 원 이상의 지분 인수도 적지 않았다. 이러한 인수·합병 외에도 다양한 구조조정이 계속되고 있는데, 국영기업과 민영기업의 경쟁, 해외기업의 진입과 상호 지분 교류 등도 다양하게 시도되었다. 포도주 산업의 경우 타 업종 기업의 진입이 크게 늘고 있으며, 이에 따라 기존 포도주기업의 도태도 빨라지고 있다.

주종별 현황

┃ 백주 산업

중국의 술 산업은 역시 백주가 대세라고 할 수 있다. 시장경제 생산이 시작되기 전을 태동기라고 하면, 개혁·개방이 시작된 후 1990년대는 쾌속발전 시대라 할 수 있다. 매년 50%씩 성장하며 전국적인 확장과 브랜드 경쟁시대에 진입하였다. 2003년부터 10년간 황금기를 맞이하는데, 생산업체들은 높은 수익을 올리게 되고 중고가 제품들이 속속 등장하게 된다. 소비 현황을 보면 비록 2013년 이후에는 소비증가율이 급격히 떨어져 5% 이하로 매우 완만하게 성장하고 있으나, 2016년 기준 매출액 약 100조 원의 큰 시장을 갖고 있다.

백주 생산기업은 2016년 기준으로 상당 규모 이상의 회사가 1,600여 개 있으며, 생산지는 역사가 깊은 지역을 중심으로 전국에 분포되어 있다. 특히 쓰촨성과 산둥성에는 각각 200개 이상의 백주 생산기업이 있으며 허난성, 안후이성, 장쑤성, 둥베이3성이 그 뒤를 따르고 있다. 시장구조를 살펴보면, 주로 고급주를 제조·판매하는 기업들이 시장을 주도하고 있다. 시장점유율을 따져보면 고급주를 판매하는 마오타이, 우량예, 양허, 루저우瀘州 등 상위 5개사의 점유율은 18% 정도로 다른 산업에 비해 많이 높은 편은 아니다. 그렇지만 600위안 이상인 최고급주 시장으로만 한정해보면 마오타이, 우량예 두 회사가 시장의 80%를 점유하고 있다. 또한 100~600위안의 중고급주 시장은 젠난춘劍南春이 40% 이상을 차지하고 그 뒤를 양허, 수이징팡水井坊 등이 따른다. 중고급주 시장도 상위 4개 기업의 시장점유율이 75%에 육박해 높은 독과점 형태를 이루고 있다.

▌맥주 산업

맥주 산업의 역사는 칭따오맥주와 하얼빈맥주공장이 설립된 100여 년 전으로 거슬러 올라가며, 개혁개방이 시작되면서 본격적인 대량 생산기에 들어간다. 이때 전국에 공장이 800여 개 만들어지고, 그 후 1998년까지 연평균 30%의 고성장과 함께 본격적인 경쟁이 시작되었다. 마침내 2002년에는 세계의 공장이라는 이름에 걸맞게 맥주 생산 세계 1위의 생산대국 자리를 차지하게 된다. 그러나 내수소비는 빠르게 저성장시대에 들어가게 되어 2010년 이후 시장은 침체기로 진입하였다. 특히 저가맥주의 타격은 더욱 크게 나타났다. 생산현황을 보면, 2013년 500억 리터를 생산하는 등 세계 1위 생산대국의 지위는 계속 누리고 있지만, 이를 정점으로 2016년 이후에는 400억 리터까지 감소하였다.

맥주 시장은 화룬쉬에화, 칭따오맥주, 옌징燕京맥주 3사의 중국 기업과 버드와이저, 칼스버그로 대표되는 외국계 2개사 제품이 각축을 벌이고 있다. 현재는 투자·합병을 통해 더욱 규모를 키우는 방향으로 구조조정이 진행되고 있으며, 대표 브랜드인 화룬쉬에화맥주, 칭따오맥주, 옌징맥주 등은 지방의 중소형사를 경쟁적으로 인수·합병하고 있다. 화룬맥주는 밀러 Miller사가 가진 자사 지분을 모두 인수하였고, 칼스버그와 버드와이저 등도 다양한 중국 현지 맥주회사 인수에 적극 뛰어들고 있다. 맥주기업들이 점점 규모 경쟁을 벌이면서 선두기업들에 의한 독과점이 점점 심화되어 2017년 상위 5대 기업 시장점유율은 무려 75% 정도까지 높아졌다. 그중에서도 시장 1위 업체인 화룬쉬에화는 점유율 26%, 외국계 1위인 버드와이저는 16%로 가장 빠르게 성장하였다.

▼ 연도별 중국 맥주기업 시장점유율 변화   (단위: %)

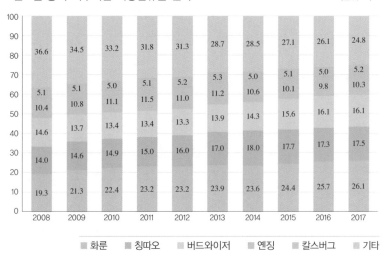

	2008	2009	2010	2011	2012	2013	2014	2015	2016	2017
기타	36.6	34.5	33.2	31.8	31.3	28.7	28.5	27.1	26.1	24.8
칼스버그	5.1	5.1	5.0	5.1	5.2	5.3	5.0	5.1	5.0	5.2
옌징	10.4	10.8	11.1	11.5	11.0	11.2	10.6	10.1	9.8	10.3
버드와이저	14.6	13.7	13.4	13.4	13.3	13.9	14.3	15.6	16.1	16.1
칭따오	14.0	14.6	14.9	15.0	16.0	17.0	18.0	17.7	17.3	17.5
화룬	19.3	21.3	22.4	23.2	23.2	23.9	23.6	24.4	25.7	26.1

■ 화룬 ■ 칭따오 ■ 버드와이저 ■ 옌징 ■ 칼스버그 ■ 기타

▌황주 산업

중국의 전통주인데도 황주와 관련된 산업은 오랫동안 침체기를 겪다가 2000년대 초에 와서야 상당 수준으로 성장하기 시작했다. 공급량은 2000년 145만 톤에서 2015년 이후 250만 톤 이상으로 증가하였으나 여전히 백주나 맥주 등의 성장에 비하면 속도가 느린 편이다. 제조기업은 700

개 이상이며 평균 2,000~3,000톤을 생산하나 그중 80%의 기업은 1,000 톤 이하를 생산하는 영세기업들이다. 1만 톤 이상을 생산하는 기업은 30 여 개이며, 상위 5개 기업이 전체 매출액의 50% 이상을 차지하고 있다.

황주의 주요 생산 지역은 저장성이며, 주요 소비 지역은 상하이, 저장성, 장쑤성 등 화동 지역이다. 이 3개 지역의 황주 생산량과 소비량은 각각 중국 전체의 80%, 70% 이상으로 과도하게 집중되어 있다. 저장성의 주요 기업은 후이지산會稽山, 구웨룽산古越龍山 등이고, 상하이는 진평金楓이 대표적이며, 장쑤성은 장자강張家港양조가 대표적 기업이다. 이런 전통적인 지역 외에 산시陝西성의 세춘謝村주라든지 산둥성의 지모卽墨양조 등이 해당 지역 특색에 맞는 술을 빚고 있다. 황주는 지역적 한계를 넘기 위해 현대적 마케팅 기법을 도입하고 기업 규모를 키우는 등 노력을 기울이고 있다.

▼ 중국 황주 생산량 (단위: 만 KL)

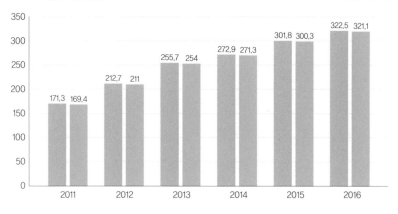

| 포도주 산업

중국의 포도주시장은 2000년 이후 본격적으로 열렸다고 볼 수 있다. 2012년까지는 고소득층 중심으로 소비시장이 형성되었다면, 그 후로는 대중시장으로 성장해 중국 내에 500개 이상의 주조업체가 외국 브랜드와 경쟁하고 있다. 공급량은 2010년 이후 큰 변화가 없으나, 국내 생산량은 계속 감소하고 있고 수입량은 계속 증가하고 있다. 포도주 생산량은 2013년 117만 킬로리터로 최대량을 보인 후, 연간 -2~3% 내외로 계속 감소하고 있다. 2017년은 특히 포도주시장이 좋지 않아서 전국 포도주기업의 생산량은 100만 킬로리터로 감소하였다. 또 매출액은 420억 위안7조 원 내외로 전년비 9% 감소하였으며 이익률은 10% 수준을 나타낸다.

뚜렷한 지역별 차이

예부터 '남황북백南黃北白'이라고 하였는데, 날씨가 추운 북쪽 지역은 도수가 높은 백주, 따뜻하고 비가 많은 남쪽 지역은 저도수인 황주를 주로 소비했기 때문이다. 그러나 현대에 들어 백주는 중국을 대표하는 술로 크게 성장하고, 맥주와 포도주가 빠르게 진군하는 데 비해 빠른 변신을 하지 못한 황주의 발전은 가장 느린 상태다.

백주는 양쯔강 이북의 산둥성, 둥베이3성과 쓰촨성 등 중서부 지역에서 가장 많이 생산·소비되지만 각 지역에는 현지의 기후, 물, 생산작물에 맞추어 고유한 방식으로 만들어지는 현지 토속 브랜드 백주가 매우 다양하여 중국 전역에서 소비되고 있다.

백주에 비해 황주는 지역적으로 한계가 있고 집중도가 과도하게 높은 편이다. 이를 극복하는 것이 황주산업의 주요 과제가 되고 있다.

맥주 소비량도 남북 등 지역적 차이가 꽤 많다. 남방 지역의 소비가 전체적으로 높으며, 광둥성 일대는 소비가 가장 많은 지역으로 기업들 간의 경쟁이 매우 심한 곳이기도 하다. 저장성은 제2의 소비 지역으로 매년 10% 이상 증가하고 있다. 중동부 지역은 높은 소득수준에 따라 맥주 소비량이 가장 많고, 동북 지역도 1인당 소비량이 높으나 소비증가율은 오히려 떨어지고 있다. 중서부 지역은 현재는 소비량이 낮으나 그만큼 상대적으로 잠재력이 높다.

🍶 수입은 유럽에서, 수출은 홍콩으로

경제규모에 따라 술의 수출입도 적지 않은데, 수출량보다 수입량의 증가속도가 눈에 띄게 빠르게 나타나고 있다. 2015년에 처음으로 수입량이 수출량을 초과한 후 이 경향은 지속적으로 이어지고 있다. 금액으로 따지면 음료수 포함 주류 수입액은 2017년 기준 5조 5,000억 원으로 수출액의 2.5배 규모에 이른다.

국가별 수입현황은 2017년 프랑스 36%, 호주 12%, 미국 11%에 이어 독일, 칠레, 스페인 순으로 나타난다. 주로 포도주, 맥주 등의 주요 생산국이 수입국임을 알 수 있으며 일본, 한국은 높은 순위에 포함되어 있지 않다. 반면 주요 수출국을 보면 홍콩이 68%, 다음으로 한국이 4.5%를 차지하고 마카오, 미국 등이 뒤를 잇고 있다. 홍콩이 압도적 수치로 1위인 것은 대부분 수출이 홍콩을 중개지역으로 해서 이루어지기 때문이다.

맥주는 수입량이 2016년 60만 킬로리터 이상으로 급격히 증가하고 있다. 평균단가도 1,000U$/킬로리터 이상으로 고가제품 위주로 수입되고 있다. 주요 수입국가는 독일, 멕시코, 포르투갈, 네덜란드, 벨기에 등이며 이들이 2017년 맥주 수입 5대국에 자리 잡고 있다. 맥주 수출액도 비록 매년 증가하지만 국제시장점유율은 매우 낮으며, 주수출 목표고객은 화교이다. 수출량은 2017년 기준 36만 킬로리터며 전년비 20% 이상 성장하였으나 역시 수입량에는 미치지 못한다.

중국에서 포도주는 아직까지 주로 수입에 의존한다. 수입량은 지속적으로 증가해왔지만 2016년 이후 증가 속도는 다소 감소하는 추세다. 2017년 중국의 포도주 수입량은 73만 킬로리터를 기록하였으며, 이 시기 주요 포도주 수입국가는 프랑스, 호주, 칠레, 스페인, 이탈리아 등이다. 특히 프랑스는 이들 전체의 45%를 차지해 2위인 호주와 2배 이상 격차를 보였다. 2015년부터 2017년까지 포도주 수입금액에 큰 변화는 없으나 10위권 내에 말레이시아, 한국, 영국 등이 새롭게 등장했다. 수입 포도주의 중국 내 소비 지역은 2017년 기준 상하이 28%, 광둥성 25%로 과반을 차지했으며, 상당한 격차를 두고 푸지엔성이 10%, 저장성이 9.5%를 차지했다. 베이징은 매년 순위에서 조금씩 밀려나 5위에 그쳤다. 포도주를 즐겨 마시고 현대적인 것에 관심이 많은 중동부와 남부 지역이 주요 소비지이며 백주가 주로 소비되는 베이징, 톈진 등의 지역과 동북부 및 서부 지역 등은 상대적으로 낮은 비율을 나타냈다.

2

중국술, 트렌드의 변화

1 | 소비 트렌드

 **접대용 소비의 급격한 위축**

2000년대 전후로 중국의 주류 소비 명목에는 접대용 소비가 많은 비중을 차지했다. 2012년에 비즈니스 접대가 42%, 대관업무용 소비가 40%로 무려 80% 이상을 차지하였다. 그러나 2013년 이후 부패척결 캠페인에 따라 접대용 소비가 급격히 위축됨으로써 2016년에는 일반 대중 소비가 65%, 비즈니스용이 30%로 소비 형태에 큰 변화가 나타나고 있다. 이에 따라 최고급 백주제품이 가져다주는 높은 이익률에도 불구하고 유명 술 제조업체들은 중저가주로까지 제품 스펙트럼을 넓히고 있다.

일곱 번째 출간

▼ 술 소비 용도 변화

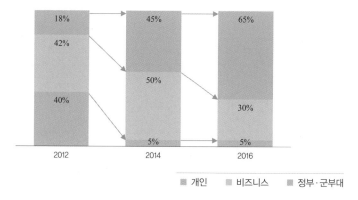

| | 개인 | 비즈니스 | 정부·군부대 |

소비층의 확대, 포도주의 비상

　술의 소비 대상도 젊은 층과 여성에게로 확대되면서 개인별 성향이나 성별 간 술에 대한 기호도 다양해지고 있다. 기존의 주종별 선호도는 주로 남성 위주의 맥주 35% > 백주 28% > 포도주 25% > 양주 9% 순이었다. 이와 달리 여성의 경우, 포도주 35% > 맥주 32% > 백주 5% > 양주 7% 순으로 나타났다. 여성층이 가장 선호하는 포도주의 구매력은 가성비, 브랜드, 맛 등에서 우위에 있다. 소득수준의 향상과 서양문화의 영향 등으로 포도주 성장률이 백주와 맥주보다 빠르게 나타나고 있으며, 저가제품보다 중고가제품의 비율이 점점 높아지고 있다. 이에 따라 여성이나 젊은 층을 주고객층으로 한 고급화와 개인별 맞춤화를 위한 제품 개발 중요성도 높아지고 있다.

🏺 다양해지는 구입 경로

2017년 소비자 구매 경로를 보면 대형마트나 인터넷을 통해 구입하는 경우가 70%를 넘어서 대중적인 소매망을 많이 이용함을 알 수 있다. 특히 일반적인 인식과 다르게 술을 인터넷으로 구입하는 비율이 30% 내외로 높게 나타난 것은 소비패턴에서 상당히 흥미로운 점이다. 또한 2017년 소비자 음용빈도 조사에 따르면 거의 매일 마시거나 주 1~2회 이상 마시는 비율이 각각 18%, 35%로 아직까지 주 1회 이상 마시는 빈도가 50% 정도 되는 것도 흥미롭다.

2 | 마케팅 트렌드

🏺 술, 지금은 변신 중

젊고 새로운 고객층에 대응하기 위해 중저가 술은 다양한 용도와 스타일의 술을 만들어내며 빠르게 변신에 성공하고 있다. '순한 술'에 대한 사랑으로 술의 도수는 점점 낮아지고, 500밀리리터 이상의 대용량에서 벗어나 저용량 백주가 출현해 선풍적인 인기를 끌었다. 또 가벼운 술자리용 등 때와 장소에 따른 맞춤용 제품이 수백 가지 이상 출시되고 포장은 용도에 따라 실용적으로 변하고 있다.

'장샤오바이江小白'는 획기적인 변신으로 선풍적인 인기를 끌었던 성공 모델 중 하나다. 가장 주목할 만한 점은 백주에 대한 '중년 남성층이 마시는 독한 술'이라는 인식을 완전히 바꾸어놓았다. 귀여운 만화 캐릭터와 세련된 도시 감성을 입혀 용기의 포장을 바꾸고, 도수가 낮아 부드럽고 깨끗한 고량주로 거듭나는 시도를 했다. 또한 50밀리리터, 100밀리리터 저용량

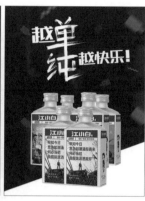

젊은 고객층을 타깃으로 한 세련된 감성이 돋보이는 장샤오바이의 광고

에 20위안3,500원 이하의 가격으로 출시하여 2016년 한 해 판매량 3억 병을 기록하며 알리바바 베스트셀러 순위 1위를 달성하고, 당해 '올해의 혁신제품상'까지 수상하는 영예를 안았다.

마오타이 같은 고급 주류기업도 이런 시대 변화에 동참하고 있다. 대표적인 보급형 브랜드인 마오타이 잉빈주迎賓酒는 가격이 50위안에 불과하고, 여성 소비자를 겨냥해 주스를 첨가한 '유미트U MEET'라는 브랜드도 출시했다. 다른 주류업체에서도 '백주 칵테일'이란 형태의 제품을 잇따라 내놓았으며, 백주의 서구식 음주법에도 관심이 모아지고 있다.

 백주, 문화를 마케팅 속으로

백주기업은 중국 문화와 전통을 계승한다는 점을 마케팅에 활용하고, 술에 문화를 접목하여 중국을 대표하는 브랜드로 키우기 위한 노력을 활

발히 진행하고 있다. 잘 알려진 바와 같이 청두成都시 수이징팡은 2000년
대 초 발견된 양조터 발굴지를 이용하여 명明·청淸대부터 내려오는 오랜
역사를 마케팅에 적극 활용해 단번에 전통 깊은 고급 명주로 등장한 바 있
다. 이에 자극을 받은 우량예는 쓰촨성 이빈宜賓 옛 양조장을 명·청대 유
적지로 홍보하고 있고, 구징궁주는 송宋대에서 청淸대까지 유적지를 이용
한 국가적 자존심을 마케팅에 활용하고 있다.

🏺 맥주, 화려하고 고급스럽게

뚜렷해지는 소비자의 개성화 성향은 맥주 소비에도 반영되고 있다. 양보
다 질적인 면에 대한 요구수준이 높아지고 중상 이상의 소비층이 점점 더
확대됨에 따라 지속적으로 중고가 제품을 개발해 수요에 대응하고 있다.
또 입맛이 다양해지고, 개성화 소비가 트렌드로 나타남에 따라 포장은 더
욱 가벼워지고 화려해졌으며, 휴대성이 높은 방향으로 변화 중이다. 그러
나 알코올 도수가 3.5도 내외로 상당히 낮은 편이며, 브랜드별로 실질적인
맛 차이가 크지 않기 때문에 유통망 차이가 매출에 많은 영향을 미치고
있다.

🏺 포도주, 바깥으로 시선을 돌리다

온라인 매출의 급격한 증대에 따라 브랜드의 중요성이 점점 높아지고 있
다. 포도주 구매의 많은 부분이 온라인에서 이루어지며, 온라인상에서 거
래되는 포도주는 중국산이 25% 내외인 데 비해 수입산은 75%를 차지하
고 그 비중은 계속 높아지고 있다. 창청長城, 장위張裕, 샤토 라피드 3사가

판매량과 판매액에서 최상위를 차지하고 있으며, 금액 기준으로 상위 5개 사가 32%로 상당히 높다.

이런 이유로 해외 와이너리 인수 열풍이 강하게 불고 있으며, 이미 프랑스 보르도 지역의 100개 이상 와이너리가 중국에 경영권이 넘어갔다. 마오타이그룹은 프랑스 보르도의 샤토 로댕을 2,000만 유로에 인수했으며, 하이창海昌그룹은 14개 와이너리를 인수했고, 웨이룽威龍기업도 호주의 와이너리를 인수했다.

🍶 황주, 젊어지기 위한 변화

황주는 다른 술과 달리 약간 미지근하게 데워서 마시는 것이 전통적인 음용 방법이다. 따뜻하게 마심으로써 술맛이 농후하고 부드러워지는데, 가장 맛있는 온도는 38℃ 내외라고 알려져 있다. 여기에 매실을 함께 곁들이는 것이 정석이다. 그래서 주로 중장년층이 집에서 마시는 술이라든가 요리재료로 많이 사용된다는 고정관념이 있다. 요즘에는 이런 고루한 인식을 깨는 방향에 초점을 맞춰 기업에서 새로운 마케팅이 추진되고 있다. 중국의 가장 오래된 전통주라는 문화적인 점과 낮은 도수를 좋아하는 현대의 젊은 취향에 잘 부합하는 저도주에 발효하여 만듦으로써 건강에도 나쁘지 않다는 장점을 적극 활용하고 나선 것이다. 이에 호응하여 젊은 층 사이에서도 황주를 색다르게 마시는 방법이 유행하고 있다. 따뜻하게 데워 마시는 음용법보다 얼음을 몇 개씩 넣어서 차게 마시거나, 매실 대신 레몬 등을 넣고 사이다, 콜라를 섞어 칵테일해서 마시는 등 다양한 황주 음용 방식이 주목받고 있다.

3
주요 기업들과 술 브랜드

1 | 매출 상위권의 주요 브랜드

중국에서 술 산업에 종사하는 기업은 수천 개가 있다. 100대 주류기업 중 상위 30개 기업은 대부분 높은 매출 규모를 자랑하는 마오타이 등 백주 기업들이다. 물론 간간이 맥주기업과 포도주기업이 순위에 오르기도 한다. 2017년 기준 순위를 보면, 맥주 제조기업인 화룬쉬에화, 칭따오 및 옌징맥주가 10위권에 이름을 올렸고, 외국기업으로는 유일하게 버드와이저 맥주회사가 30위권 내에 들었다. 포도주회사로서는 장위가 가장 높은 12위를 차지했다.

일곱 번째 술잔

순위	기업	순위	기업
1	마오타이茅臺	16	잉자迎駕
2	화룬쉬에화華潤雪花맥주	17	투오파이셔더沱牌舍得
3	우량예五粮液	18	징즈景芝주업
4	루저우라오쟈오瀘州老窖	19	버드와이저맥주중국
5	칭따오青島맥주	20	주장珠江맥주
6	쑤주蘇酒그룹	21	수이징팡水井坊
7	옌징燕京맥주	22	커즈口子주업
8	징파이勁牌	23	랑주郎酒
9	순신順鑫농업	24	허타오河套주업
10	따오화샹稻花香	25	스완石灣주업
11	젠난춘劍南春	26	시펑西鳳
12	장위張裕포도주	27	창청長城포도주
13	구징古井	28	진스위안今世緣주업
14	훙싱紅星	29	진둥金東그룹
15	펀주汾酒	30	후주칭커주互助青稞酒

　백주기업 중에서는 고급주 및 중고급주 시장에 진출한 마오타이, 우량예, 양허, 루저우, 젠난춘 등 기업들의 매출이 역시 가장 높다. 또한 구징, 수이징팡, 커즈자오口子窖, 펀주 등 이른바 8대 명주로 지칭되는 기업들이 예외 없이 상위권에 자리함으로써 브랜드 가치가 높고 전국적인 유통망을 갖춘 기업들이 여전히 좋은 성적을 올리고 있음을 알 수 있다. 맥주기업인 화룬쉬에화, 칭따오, 옌징 등의 매출순위가 전체 기업 중에서도 최상위권에 있는 것은 앞에서 살펴본 것처럼 맥주 산업이 다른 술 분야에 비해 덩치 키우기 작업이 가장 활발하게 진행되었음을 노골적으로 보여준다. 과거 지방마다 존재하던 맥주 로컬 브랜드가 독립적으로 시장에서 생존하기에는 너무 벅찬 현실이 된 것이다.

2 │ 상장 기업 현황

현재 상장되어 있는 주류업체는 2017년 기준 35개사 이상이 있다. 마오타이, 우량예, 수이징팡, 양허 같은 20개 백주제조사를 비롯하여 칭따오, 옌징과 같은 맥주 제조사가 7개사, 장위와 같은 포도주 제조사가 5개사, 후이지산 등 황주 제조사도 4개사가 있다. 주식가치는 상당히 높아서 2019년 기준 주류기업 중 시가총액 1위인 마오타이는 170조 원 이상이다. 2위인 우량예는 60조 원, 그 뒤로 양허는 25조 원, 루저우는 19조 원으로 시가총액이 매우 크다. 또 12위권인 맥주기업 칭따오맥주는 8조 원, 옌징맥주는 3조 원 등으로 만만치 않은 수준이다. 이들 주류업체는 외국인이 주식시장에서 주로 선호하는 분야 중 하나이며 주가 성장률과 투자 성적이 상당히 좋은 산업분야이기도 하다.

▼ **주요 상장 주류기업 현황** (주식 2019년 3월 기준/매출·이익 2018년 기준)

업체명	주가	시가총액	매출액	이익	상장시장	주요 주주
마오타이	130,000원	165조 원	13조 원	5.8조 원	상하이	마오타이그룹 62% 홍콩증권 8%
우량예	15,000원	55조 원	7조 원	2.2조 원	선전	이빈시정부 35% 우량예그룹 20%
양허	21,000원	25조 원	4조 원	1.4조 원	선전	양허그룹 34% 장수란서 21%
루저우	12,000원	19조 원	2.2조원	6,000억 원	선전	루저우주업 26% 루저우싱루투자 24%
칭따오맥주	6,000원	8조 원	4.5조원	2,500억 원	홍콩. 상하이	푸싱그룹 38% Baillie Gifford 9%
옌징맥주	1,300원	3조 원	2조 원	300억 원	선전	옌징맥주그룹 58% 중국증권 3%

주류업체의 이익이 많이 감소하였다고는 하나 여전히 건실한 편이다. 주류 상장사의 이익 성장률은 2018년 기준으로 백주, 맥주, 와인 업체 순이

일곱 번째 출간

며, 특히 백주는 순이익률이 30% 내외, 순이익 성장률이 무려 40%로 예상되어 상당히 매력적인 수치를 보이면서 회복되고 있다. 과거 백주 생산기업의 이익률은 높은 성장세를 보이다가 2013년부터는 이익총액이 800억 위안14조 원 수준에서 정체되고 성장률은 급격히 감소한 바 있다. 이 몇 년간의 침체기에는 특히 최고급주의 이익이 가장 큰 타격을 받았다. 그러나 판매이익 측면에서 보면 여전히 고급주와 최고급주를 생산하는 기업의 이익률이 산업평균보다 상당히 높게 유지되고 있다. 8개 최고급 제품마오타이, 우량예, 루저우라오쟈오, 양허, 펀주, 수이징팡, 셔더주업, 주꾸이 생산회사의 영업이익은 전체 산업에서 차지하는 비율이 아주 높다. 특히 마오타이 등 상위 4개사만의 순이익 비중이 전체의 80%를 넘으며, 선두기업들의 순이익률은 평균 40%로 높은 마진율을 자랑한다.

맥주기업의 재무성과는 별로 좋지 못하다. 상대적으로 고가 제품을 생산하는 외국계 회사들은 좀 더 좋은 성적을 올리고 있는 데 비해, 특히 국내 맥주 선두기업인 화룬, 칭따오, 옌징맥주의 수익성이 계속 악화되어 매출액 대비 이익률은 상당히 낮은 수준이다. 소비자의 건강의식 제고, 전통적 맥주의 소비자에 대한 흡인력 부족, 저도수 대체음료수의 출현 등은 모두 맥주 소비를 줄이는 요인으로 작용하고 있고 경쟁은 더욱 치열해지고 있다. 중국의 평균 맥주 소비량은 선진국과 많은 차이를 보이는데, 소비 증가의 잠재력이 아직 존재한다는 시각에서 조금은 위안이 될 수 있겠다.

3 │ 세계 1위 마오타이

중국술을 대표하는 기업은 역시 마오타이다. 2017년부터 회복되기 시작한 마오타이 주가는 2018년 연일 사상 최고치를 갈아치우면서 당해 4월에는 영국의 위스키 제조사인 디아지오Diageo를 제치고 시가총액 기준 세계 1위 주류회사에 등극하였다. 이후로도 주가는 계속 올라 2019년에는 시가총액이 1조 2,000억 위안약 200조 원에 달했으며, 디아지오사100조 원와 더욱 격차를 벌였다. 상장되어 있는 한국 기업들과 시가총액2019년 3월을 비교해보면 삼성전자를 제외한 국내 2위에서 6위 기업인 하이닉스 54조, LG화학 26조, 현대자동차 26조, 셀트리온 23조의 4개사를 합쳐야 130조 원 정도이므로 마오타이의 기업 가치가 얼마나 큰지 짐작할 수 있다.

중국 정부의 반부패운동에 직격탄을 맞은 마오타이가 어떻게 위기를 넘겼는지 살펴보자. 마오타이는 기존의 고급 브랜드 외에 중저가 브랜드를 잇따라 선보이는 전략을 폈다. 결혼식 연회용 등 용도별로 마실 수 있는 맞춤형 제품들과 여성용 칵테일 백주도 출시하였다. 낮은 가격, 저도수, 저용량의 마케팅 전략으로 새로운 소비층을 적극 공략하였다. 2017년 중저가 매출비율은 6%로 5년 전에 비해 2배로 성장하였고, 2020년까지 비율

일곱 번째 술잔

을 10%로 높인다는 계획을 세우고 있다. 이런 중저가 브랜드는 미래의 고급 마오타이 소비자인 젊은 소비층을 대상으로 하며, 향후 시장까지 대비하는 효과가 있다. 또한 온라인시장에 집중하여 이를 성공적으로 이끌어 가고 있다. 마오타이는 유통 과정이 복잡하고 비효율적이었다. 생산시설은 구이저우성에 하나 있지만, 판매점은 중국 전역에 2,000개 이상 있기 때문이다. 이런 약점을 극복하기 위해 알리바바사의 도움을 받아 온라인 판매에 진출하여 안착하게 되었고, 이제는 직접 전자상거래업체를 설립해 여러 온라인 파트너사와 협력을 강화하고 있다.

4 | 중국술의 대표 브랜드

🏺 브랜드 가치를 높이기 위한 경쟁

세계 유명 사이트World Brand Lab에서 2017년 발표한 '중국 500대 브랜드'에 28개 주류기업의 33개 브랜드가 이름을 올렸다. 그 브랜드 가치는 합쳐서 1조 1,400억 위안으로 우리 돈으로 환산하면 무려 200조 원에 가깝다. 전체에서 차지하는 비중은 7.3%인데 이는 2010년과 비교하여 310% 증가한 것이다. 그중 18개 백주 브랜드가 58%, 7개 맥주 브랜드도 36%를 차지하고 있다. 백주기업 브랜드는 그 자체로도 가치가 높으며, 마케팅에서 많은 역할을 하고 있다. 특히 최고급주는 브랜드 가치를 높이기 위한 경쟁이 무척이나 치열하다. 마오타이—'국주國酒', 양허—'중국의 꿈中國夢', 구오쟈오國窖1573—'중국풍미中國品味', 펀주—'중국술의 혼中國酒魂', 수이징팡—'중국백주 제일방中國白酒第一坊' 등 국가대표 이미지를 심으려 열심히 노력하고 있다.

▌백주 8대 명주

중국 대표를 자칭하는 백주 브랜드는 평가자에 따라 4대 명주, 8대 명주 등 조금씩 다르다. 현재 8대 명주는 주로 신중국 성립 이후 열린 주류 품평회를 중심으로 거론된다. 1952년 1차 이후 1979년 3차 대회까지 10개 종류가 선정되었다.

마오타이주 茅臺酒

구이저우성 마오타이에서 생산한다. 2,000여 년 전 한나라 때부터 만들어져 청나라 중기에 이미 연 간 170톤을 생산할 정도로 고대 양조사에서 보기 드문 규모를 자랑하였다. 1915년 파나마국제주류품 평회에서 금상을 차지하며 중국의 대표 술로 떠올 랐고 이후 마오쩌둥 등 혁명 1세대와 같이함으로써 '중국술', '국주'로 불리고 있다. 마오타이그룹은 공장 부지 9만 9,000 제곱킬로미터에 30여 개 자회사, 2만 명의 인력을 보유한 식품주류 산업의 최고봉이다.

우량예 五粮液

쓰촨성 이빈에서 생산하며 3,000여 년의 역사가 있는 대표적 명주이다. 마오타이와 함께 최고급주로 시장을 과점하고 있다. 우량예 기업은 '중국술의 왕 中國酒王'이라는 호칭을 가지고 있으며, 2017년 매출 이 800억 위안약 14조 원에 이르는 대형 기업이다. 깊 고 맑은 향이 한국 사람의 기호에 잘 맞아 한국에 서도 사랑받는 술이다.

루저우라오쟈오주 瀘州老窖酒

쓰촨성 루저우가 생산지이다. 루저우 지역은 농향형 백주의 발원지로, 전통적인 공예를 사용하여 발효시키는 효소가 다양하고 독특하다. 현지의 찰수수와 소맥을 원료로 하여 향기가 깊고 달콤하며 여운이 깊은 것으로 유명하다. 대표적인 술은 '구오쟈오 1573'으로 강력한 마케팅을 바탕으로 최고급 주로 자리하였다.

펀주 汾酒

산시山西성 싱화杏花촌에서 생산한다. 남북조시대부터 펀주는 궁중 어주로 극진한 추앙을 받았다고 하며, 최초의 중국 국주로 인정되고 있다. 진중평원의 특산품인 일파조고량 一把抓高粱, 수수의 일종을 원료로 해서 2중 증류라는 독특한 양조공예를 사용하여 감미로운 맛을 대표하는 청향형 술이다. 1970년대 이전까지는 중국을 대표하는 술로 '분노대汾 老大, 큰형님이란 뜻'의 칭호를 얻었다. 1993년 중국 백주회사로는 최초로 상하이주식시장에 상장되었다.

양허따취洋河大曲

　장쑤성에서 생산되며, 당나라 때 상당한 인기를 누렸다고 하는 역사가 오래된 술이다. 농향형 백주의 대표적인 술로 널리 알려져 있다. 최근에는 블루 컬러를 이용한 고급 시리즈로서 '하이즈란', '티엔즈란', '멍즈란' 등 등급별 제품을 출시하여 세계대국을 꿈꾸는 시진핑 시대에 부응해 큰 인기를 얻었다.

시펑주西鳳酒

　산시陝西성 펑샹현이 생산지이다. 은나라에서 시작하여 당송시대에 성행해 2,600여 년 역사가 있다고 전해진다. 생산지 펑샹현은 염황炎黃시대와 주, 진나라 문화 발상지이며 시펑주는 유일무이한 봉향형 백주이다. 현지 특산 고량을 원료로 양조되어 향이 맑지만 연하지 않고 짙지만 농염하지 않다고 평가된다.

젠난춘劍南春

　생산지는 쓰촨성 미엔주綿竹시 젠난춘劍南春이다. 당대에 젠샨劍山의 남쪽에 있어 젠난따오劍南島라 불렸고 여기서 젠난춘이라는 이름을 얻었다. 미엔시는 예부터 주향酒鄕이라 칭해졌고, 젠난춘은 당나라 때부터 명성이 알려진 명주이다. 당시 이태백은 젠난춘을 마시기 위해 자신의 가

일곱 번째 술잔

장 귀한 가죽저고리를 팔았다고 하여, '해초속주解貂贖酒'라는 이야기를 남겼을 정도로 매력이 남다르다. 중고가 제품 중에서 가장 높은 매출을 자랑할 정도로 중국인에게 사랑받는 술이다.

구징궁주古井貢酒

안후이성을 대표하는 명주로 조조의 고향인 보저우에서 생산한다. 백주 시장에서 8대 명주로 중요한 위치를 차지하는 이유는 오랜 역사적 배경뿐만 아니라 전통적인 양조방식을 지금까지도 계속 유지하며 술의 향긋하고 감미로운 맛을 유감없이 발휘해왔기 때문으로 평가된다.

수이징팡水井坊

원나라 때 시작되었다는 명주이다. 쓰촨성 청두시에서 술을 빚던 옛 양조장을 발견하고 나서 이를 바탕으로 마케팅을 시작해 대표적인 고급주로 시장에 안착하게 된다. 농향형 술로 한국인 입맛에 잘 맞아서 역시 사랑받는 술 중 하나이다.

랑주郎酒

쓰촨성에서 생산하며, 전통적인 명주로 중국 국내뿐만 아니라 해외 화교 사이에서도 많은 인기를 얻고 있는 술이다. 1900년대 초 민국시대에 연구를 시작한 양조공법은 마오타이의 양조기술자들과 협력하여 기존 양조방식을 개혁해 현재의 랑주가 탄생하게 했다.

▎맥주 4대 천황 (2017년 매출액 기준)

화룬쉬에화華潤雪花

화룬華潤그룹은 전력, 시멘트, 부동산, 백화점 사업체를 가진 세계 100대 기업 내에 자리하고 있는 대기업 그룹이다. 1994년 '쉬에화雪花'라는 맥주 브랜드를 설립하여 현재 98개 맥주공장과 베이징을 비롯한 30여 개 지역 브랜드를 가진 중국 최대 맥주기업으로 성장하였다. 최초로 매출량 1,000만 킬로리터를 넘어선 회사이며 생산능력은 1,900만 킬로리터로 수년간 중국 최고로 자리하고 있다. 2018년 하이네켄맥주와 수조 원대 주식지분을 교환해 세계화 전략을 적극 추진 중이다.

칭따오靑島맥주

칭따오맥주는 1903년 영국과 독일 상인의 합자로 당시 독일 조차지역인 산둥성 칭따오시에 '게르만맥주 칭따오회사'라는 이름으로 세워졌다. 칭따오시가 '라오샨嶗山'이란 지역에서 나는 좋은 수질로 유명했기 때문이다. 100년이 넘는 역사와 전통을 이어오며 1993년 현재의 주주 구성으로 바뀌었다. 1906년 뮌헨국제맥주박람회에서 금상을 수상하면서 세계적으로 그 맛을 인정받았다. 2008년 베이징올림픽에서도 공식 후원사로 활약하였고 현재는 중국 맥주를 대표하는 가장 국제적인 브랜드로 성장하였다. 한국에서도 최근 '양꼬치에 칭따오'라고 할 정도로 중국 맥주의 대명사로 알려져 있다.

일곱 번째 출잔

하얼빈哈爾濱맥주

1900년 설립된 중국 최초의 맥주 브랜드이다. 하얼빈맥주회사가 만들어진 후 미국, 일본, 러시아 등 많은 국가 경영진의 영향을 받았기 때문에 국제적인 느낌이 있는 맥주이다. 남아공 월드컵을 후원하는 등 30여 국가에 수출하면서 빠르게 성장하고 있다.

옌징燕京맥주

옌징맥주는 1980년 베이징에서 출발한 맥주 제조업체로 중국 최대 맥주회사의 하나로 성장하였다. 2009년에는 467만 킬로리터를 생산해 세계 8위에 올랐다. 생산 과정과 재료 선정이 매우 엄격하여, 모든 생수를 300미터 아래의 순수한 천연 광천수만 사용하며, 질 좋은 발효 효모로 색다른 맛이 난다.

버드와이저, 바이웨이百威1

외국계 맥주로 매출 3위에 오른 만큼 튼튼한 지지 기반을 확보하고 있으며, 주로 고급 술집, 호텔, 클럽 등에서 소비되는 프리미엄 브랜드로 자리 잡았다. 제조과정에서 자연 발효물을 이용한 저온 저장공정, 첨가물이나 방부제를 사용하지 않는 깨끗한 이미지 등 차별화 포인트로 중국 소비자에게 좋은 이미지로 기억되고 있다.

---

1 외국 기업이지만 4위권 내에서 선전하고 있어 번외로 포함했다.

▌황주, 저력의 4대 전통주

구웨룽산古越龍山

중국 제일의 매출액을 자랑하는 황주 생산기업으로 1664년부터 저장성에서 황주를 만들었다. 현대적 기업으로는 1997년 정식 설립되었고, 생산량은 16만 톤이다. 중국 황주기업 중 최고 자리를 점하고 있으며, '동방 명주의 최고東方名酒之冠'라는 호칭을 가지고 있다.

후이지산會稽山

저장성에서 생산되는 유명 황주 생산기업으로 최초 성립기는 1743년이라고 한다. 수제 발효방식 등 이전부터 내려온 양조방식을 유지하기 때문에 중국인에게 오랫동안 사랑받고 있다.

스쿠먼石庫門

상하이에서 가장 큰 황주 생산기업으로, 전국에서 가장 많은 지역에 생산기지를 갖추고 있다. '스쿠먼'이라는 이름은 원래 상하이의 전통주택 양식을 지칭하는 말로 여기서 브랜드를 빌려왔다. 1939년 다른 황주기업에 비해 비교적 늦게 출범하였으나, 상하이라는 도시의 후광으로 빠르게 성장하였다. 후발주자임에도 가장 우수한 발효균류를 가지고 있다는 중국과학원의 평가가 있은 후 다른 황주기업의 벤치마킹 대상이 되기도 하였다.

일곱 번째 출간

뉘얼홍女兒紅

한국인에게 가장 유명하고 사랑받는 대표적인 황주 이자 중국 TV 방송, 연속극 등 매체에서도 가장 흔하 게 볼 수 있는 술이다. 처음 출현한 것은 진晉나라 때로 추정하며, 20세기 초부터 현대식으로 제조 생산하였다. 생산지는 저장성이다. 이 술의 명칭은 여자아이가 태어 나면 황주를 땅속에 묻어 발효시켜 담아놓은 후, 아이 가 시집갈 때 가지고 간다는 이야기에서 유래했다.

▌수입산에 맞서는 중국 4대 포도주 (2017년 매출액 기준)

장위張裕, Changyu

중국에서 가장 오래된 포도주 브랜드로 산둥성에서 생산되며, 1892년 화교 장비스張弼士가 당시 권력가인 리훙장李鴻章에게 자금을 빌려 설립했다. 술을 별로 즐 기지 않던 쑨원孫文이 이 공장을 방문하고는 '품중예 천품重醴泉', 즉 '아시아 최고의 술'이라고 예를 표하기도 했다. 현재도 매출이 가장 많으며 중국을 대표하는 포 도주이다.

창청長城, Greatwall

중량中粮그룹중국의 식량을 담당하는 최대 기업자회사인 창청포도주에서 생산한다. 후진타오 정부와 시진핑 정부의 연회에 자주 등장하는 포도주로 중국 정부의 지지를 받으며 중국에서 가장 잘 알려진 브랜드로 성장하였다. 1963년 국제포도주품평회에 중국 대표로 참여했을 정도로 저력이 있다.

왕차오王朝, Dynasty

중국과 프랑스가 합작한 포도주회사이다. 1980년에 설립되었으며, 텐진시 최초의 외국계 합작회사이기도 하다. 외국의 선진기술과 경영 방식을 빨리 받아들여 현재 아시아 최대 규모의 외국계 합작 포도주회사로 성장하였다.

웨이룽威龍, Grand Dragon

중국 내에서 평판과 판매량이 모두 선두권을 차지하고 있다. 산둥성 옌타이 지역에서 자라는 질 좋은 포도를 사용하며, 창립한 후 30여 년 동안 포도 수확부터 질 좋은 오크통을 사용하는 보관과정까지 가장 전통적인 생산방식을 유지하고 있다.

알아두면 쓸데 있는 상식

■ 중국술의 네이밍

중국술 이름은 몇 가지 특징을 바탕으로 지어지는 경우가 많다.

유형	술 이름 또는 브랜드	내용
지명	**茅臺酒** 마오타이주	구이저우성 마오타이茅臺진에서 생산한다.
	董酒 둥주	구이저우성 둥공스董公寺진에서 생산한다.
	瀘州老窖 루저우라오쟈오	장시성 루저우瀘州시에서 생산한다.
	劍南春 젠난춘	쓰촨성 미엔주棉竹시에서 생산하며, 이곳의 옛 지명이 지엔난따오劍南島이다.
	郎酒 랑주	쓰촨성 얼랑二郎진에서 생산한다.
	西鳳酒 시펑주	산시陝西성 평샹鳳翔현에서 각 한 글자씩 가져왔다.
	汾酒 펀주	쓰촨성 펀양汾陽시의 이름에서 유래한다.
	洋河大曲 양허다취	장쑤성 양허신취洋河新區의 이름에서 유래한다.
산·하천	**廬山白酒** 루산바이주	루산廬山은 장시성에 있는 산 이름이다.
	赤水河酒 츠수이허주	츠수이허赤水河는 구이저우성과 쓰촨성을 흐르며, 중국의 명주를 만드는 강으로 아름다운 술의 강물이라는 의미로 '메이지우허美酒河'라고도 불린다.

명승고적	**黃鶴樓酒** 황허로우주	황허로우黃鶴樓는 후베이성 우한武漢시 양쯔강 인근의 누각으로 강남의 3대 누각으로 불린다.
	兵馬俑酒 빙마용주	빙마용兵馬俑은 1974년 시안西安에서 발견된 진시황의 무덤 부장품이다. 약 1만 구의 도제陶製 병마兵馬가 발굴되었다.
인물	**孔府家酒** 쿵푸자주	공자의 고향에서 후손들이 빚은 가양주家釀酒로 청나라 건륭제 이후 황실로 진상되었으며, 이후 이웃들에게 양조법을 전수하였다.
양조장	**水井坊** 수이징팡	수이징팡은 13세기 원대부터 청대까지 술을 양조했던 양조장의 이름이다. 1998년에 발굴되어 약 800점의 유물이 출토되었다.
재료	**五糧液** 우량예	'우량'은 찹쌀, 수수, 쌀, 밀, 옥수수 다섯 가지 곡식을 가리킨다.
제조방법	**二鍋頭酒** 얼궈토우주	두 번 솥으로 걸러 만드는 술이라는 뜻이다. 주원료인 옥수수, 밀, 수수와 효모를 넣어 1차 발효한 후 받아낸 것을 '이궈—鍋'라 하며, 그 이후 솥에 남은 원료에 다시 새 효모와 원료를 넣고 발효한 후 받아낸 것을 '얼궈二鍋'라고 한다.

일곱 번째 출간

여덟 번째 술잔

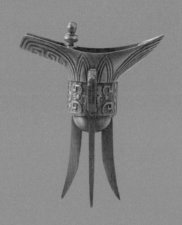

술병의 미학

모양이 단조로운 한국의 소주병이나 맥주병에 익숙한 우리에게 중국의 술병은 그야말로 예술작품처럼 느껴질 정도이다. 술을 다 마신후에도 버리기 아까워 장식품으로 사용하는 경우도 있다. 실제로 오래되거나 기념·한정판으로 특별 제작된 술병은 술병 수집가들 사이에서 고가에 거래된다. 우리가 평소 접해보지 못했던 술병과 술병 읽는법을 알아보자.

중국 술병은
왜 화려한가

근대 시기의 발전 과정을 먼저 살펴볼 필요가 있다.

백주 제조법은 대략 원元대에 시작된 것으로 추정한다. 원대는 자기瓷器가 발전하기 시작한 시기이다. 자기 제조 기술의 발전은 자연스레 술병에도 영향을 미쳐 청화靑花, 자기에 색이나 문양 등을 나타내는 데 쓰이는 푸른색 안료나 홍유紅釉, 도자기를 장식할 때 이용하는 짙은 붉은색 유약 등의 공예법이 사용된 술병이 등장하였다. 하지만 술병은 여전히 투박한 모양이 주를 이루었는데 이는 원대 지배 민족이었던 몽골족이 유목민족이었던 것과 관련이 있다. 유목민족은 술병의 세련됨보다는 견고함을 중시했기 때문이다.

명明대에는 원대와 비교해 술병이 가볍고 세련되어진다. 이 시기에는 백주를 마시는 사람이 증가하였는데 백주는 도수가 높은 술이어서 기존의 큰 술병보다는 작은 술병을 사용하는 것이 적합했다. 이 때문에 명대 술병은 원대보다 크기가 작아지게 되었다. 청淸대에도 작은 술병을 선호하는 경향이 이어졌고 법랑琺瑯, 그릇 표면에 발라 밝은 윤기가 나게 만드는 유리질 유약이나 소삼채素三彩, 도자기를 낮은 화도에서 세 가지 빛깔의 녹는 잿물을 발라 굽는 방식를 사용한 술병도 만들어졌다.

원대에서 청대에 이르기까지 술병은 자기 공예의 기술적 발전을 거쳐 점차 세련되어졌다. 하지만 이러한 술병이 보편화된 것은 아니었고 아직은 일부 상류 계층에서 사용되는 정도에 머물렀다.

이번에는 현대 시기의 술병 변화 과정을 살펴보자.

1950~60년대는 국가가 술을 전매하던 시기로 중국술은 아직까지 포장이 거의 없었고 밋밋한 병에 상표만 달리 붙이는 방식이었다. 술병 모양도 술마다 거의 비슷하여 특색을 가지지 못했다. 한 일화로 1915년 미국 샌프란시스코에서 만국박람회가 열렸는데, 중국의 명주 중 하나인 루저우라오쟈오瀘州老窖가 출품되었다. 당시 이 술은 둥그런 술항아리 모양 술병에 붉은색 종이로 만든 상표가 전부였다. 당연히 사람들의 관심을 끌지 못했다. 그런데 누군가 실수하는 바람에 술병이 깨져버렸고, 바닥에 흘러내린 술의 향기가 박람회장을 가득 메웠다. 향을 맡은 관람객들은 극찬을 아끼지 않으며 관심을 보이기 시작했다. 보기 좋은 떡이 먹기도 좋은 것처럼 포장에도 신경을 써야 하는 이유다.

1970~80년대 들어서 중국은 개혁·개방을 추진하면서 수출 상품의 포장을 중시하게 된다. 덩샤오핑은 "상품 수출에서 포장 문제를 잘 연구하라"는 지침을 내리는데, 이것이 제품 포장 문제를 공식적으로 제기하여 발전시키는 계기가 된다. 1980년대 중반 우량예가 제품과 기업의 이미지 작업을 시작하는데, 우량예는 업계 최초로 크리스털 유리를 사용해 술병을

제작한다. 이 크리스털 유리 술병을 사용한 새 제품이 시장에서 크게 성공하자 많은 주류 회사가 이를 모방했다.

1990년대 이후 중국술의 포장은 비약적으로 발전한다. 포장은 상품의 브랜드를 시각적으로 보여주는 핵심 요소로 시장에서 성공을 결정짓는 데 중요한 역할을 하게 되었고, 주류회사들은 술병의 디자인과 포장에 더 많은 돈과 시간을 투자했다.

중국술의 포장과 관련해 하나 더 살펴볼 것은 외포장外包裝이 발달했다는 것이다. 술의 포장은 크게 내포장과 외포장으로 나누는데, 내포장은 술병을 말하며 외포장은 술병을 담는 상자를 말한다. 외포장에 대한 인식이나 기술이 부족했던 시기에는 내포장 중심이었는데, 술이 점차 하나의 상품으로 자리 잡아 대량 생산 체계를 갖추면서 외포장의 중요성이 높아졌다. 중국 술병은 자기를 활용한 것이 많아서 먼 지역까지 운송할 경우 깨지기 쉬웠으므로 이를 보완할 방법으로 고안된 것이 외포장이다. 외포장은 본래 술병을 보호하려는 실용적 목적에서 시작되었지만 점차 사람들의 시선을 끄는 수단으로 활용되어 현재는 술의 개성을 적극적으로 표현하는 중요한 장치가 되었다.

중국 주류회사들에게 술의 포장은 어떤 전략적 의미가 있을까.

첫째, 소비 특성의 변화를 반영한다. 과거에 소비자들은 술을 선택할 때 술의 품질과 술병의 견고함을 따지는 실용적 경향을 띠었으나 소득 수준이 높아지고 아름다움을 추구하는 소비 심리가 강해지면서 술을 선택할 때도 미관을 중요하게 여기게 되었다. 또 중국에서 술은 연회를 중심으로 소비되는 상품으로 연회의 성격, 참석자의 특징, 지역적 특징 등에 따라 술 선택이 달라진다. 소비자가 술을 선택할 때 고려하는 요소들이 전통적인 방식과 달라짐에 따라 술의 포장도 다양한 소비자의 특성에 맞추어 더

여덟 번째 술잔

욱 개성화되는 방향으로 변하고 있다.

둘째, 치열한 시장에서 살아남기 위한 차별화 전략이다. 중국의 백주 브랜드는 3만 7,000여 개에 달하는데, 고급 백주 시장에서는 우량예와 마오타이의 점유율이 약 75%로 이 두 브랜드가 절대 강자로 군림하고 있다. 나머지 브랜드들은 중저가 시장을 공략하여 두 강자가 휩쓸고 남은 자리를 차지해야 하므로 경쟁이 치열할 수밖에 없다. 생존을 위한 차별화 전략으로 맛, 품질, 가격도 신경 써야 하지만 가장 먼저 소비자를 사로잡는 시각적인 부분에서 디자인과 포장에 많은 공을 들이고 있다.

최근에는 젊은 층의 음주 선호도가 백주에서 수입산 포도주와 맥주로 이동하면서 경쟁이 더욱 치열해졌다. 수입 브랜드 제품의 외관과 포장은 소비자들에게 신선하고 세련되게 느껴질 수밖에 없다. 백주 브랜드 중에서도 눈에 띄어야 하고, 수입산 포도주와 맥주 사이에서도 눈에 띄어야 살아남는다. 술병 모양이나 라벨 디자인을 전략적으로 적극적으로 활용하는 이유이다.

한편 중국의 대외정책이 초기의 해외자본 및 기술의 유치 전략에서 점차 해외 진출 전략으로 전환됨에 따라 중국 백주도 수출 전략을 수립했다. 하지만 2012년 기준 중국 백주 수출량은 0.1%에 불과하며 2016년에도 0.12%에 그쳐 여전히 내수 중심의 판매 구조를 보이고 있다. 세계 시장에서 선진국의 술 브랜드와 경쟁하려면 품질뿐만 아니라 소비자의 구매욕을 높일 수 있는 디자인의 개발이 중요하다. 가장 중국적인 것이 가장 세계적일 수 있다는 인식이 여기서 발현된다. 중국인은 백주를 중국 전통문화의 산물로 인식하므로 술병에도 중국 문화를 구현하고자 하며, 이러한 인식이 중국 백주의 해외 시장 판로 개척과 맞물리며 술병과 포장에 더욱 '중국적' 특색을 담으려고 한다.

때로는 지나치게 외양에 집착하다보니 화려하기만 하고 정작 내실이 없는 극단적 경향이 보이기도 하지만 한편으로는 품질이나 인문정신, 환경보호 등을 강조하는 새로운 방향으로 술병 디자인과 포장법이 다채롭게 발전하고 있다.

己

술병 읽기

중국의 술병은 그저 술을 담는 용기가 아니라 중국의 술문화를 보여주는 작은 책자이자 중국의 예술적 성취를 전달하는 특수한 공예품이라고 할 수 있다. 중국의 전통문화, 지역문화, 역사, 인물, 시대상, 민간전설 등과 관련된 다양한 정보를 담고 있는데 그중 전통문화와 지역문화를 강조하는 것이 대다수를 차지한다. 백주 중 고급 브랜드는 주로 중국의 전통문화와 유구한 역사성을 보여주는 방식을 취하며, 중저가 브랜드는 지역문화를 강조하는 경향이 있다. 이는 백주의 판매 범위와 관련이 있는데, 고급 브랜드는 특정 지역에 국한되지 않고 전국적 범위, 더 나아가 해외 시장까지 염두에 두기 때문에 지역문화를 강조하기보다는 국가 차원의 문화를 강조한다. 반면 중저가 브랜드는 전국적 각도에서 볼 때 경쟁이 가장 치열한 상품이므로 지역을 기반으로 한 특화 전략을 펼친다. 물론 전통문화와 지역문화 외에 다양한 개성을 담아낸 술병들도 있다.

마오타이주 茅臺酒

마오타이주 술병을 보면 브랜드명
이 영문으로 쓰여 있다. 그런데 유심
히 보면 영문 표기방식이 좀 독특하
다. 구이저우 마오타이를 중국어의 발
음 표기방식인 한어병음방안으로 표
기하면 'GUIZHOU MAOTAI'가 되
어야 하지만 술병에 표기된 영문은
'KWEICHOW MOUTAI'이다. 이 영

문은 웨이드식 표기법에 따라 표기한 것이다. 웨이드식 표기법은 영국인
웨이드Thomas Francis Wade, 1818~1895가 중국어를 표기하기 위해 만든 것인
데, 한어병음방안이 보급된 1958년 이전까지 광범위하게 사용되었다. 마오
타이주는 1900년대 초에 이미 다른 나라에 알려졌는데 그 당시 사용했던
영문표기가 웨이드식이었다. 'KWEICHOW MOUTAI'란 명칭이 오랜 시
간 서양인들에게 익숙해졌기 때문에 현재까지 웨이드식 표기법을 고수하
고 있다.

마오타이주 포장에서는 인장을 하나 볼 수 있다. 마오타이주 생산지인
마오타이진에서 아주 오래된 주조장 중 하나가 지에성偈盛주조장인데, 여
기에서 1704년에 만들어진 술 이름을 마오타이주라 정하였다. 그러므로
역사적으로 마오타이주가 1704년에 시작되었다고 보는 것이다. 1986년 마
오타이주 회사에서 진품珍品 마오타이주를 개발하면서 '1704'를 고급 품질
을 상징하는 하나의 표식으로 삼기 시작했다.

마오타이주 술병의 왼쪽 윗부분을 보면 동그란 모양의 그림이 있다. 이
그림은 중국 둔황敦煌벽화의 천상에 사는 선인 '비천飛天'을 형상화한 것이

다. 비천에는 천가신天歌神인 건달파乾闥婆와 천악신天樂神인 긴나라緊那羅가 그려져 있는데 이 둘은 부부로 함께 하늘을 날며 금작金爵 모양의 술잔을 받치고 있다. 이 그림은 향기로운 술을 세상에 전하며 즐거움을 기원하는 의미를 담았는데, 중국 문화와 역사가 잘 어우러진 상징이라고 할 수 있다.

술병 입구에는 붉은색 띠가 매어져 있다. 이 띠는 중국 고대에 흔히 볼 수 있었던 '주기酒旗'를 상징한다. 주기는 술집 입구에 걸려 있던 띠 모양 깃발인데 고대의 광고 형식이라 할 수 있다. 주기에는 술병이나 술잔 같은 그림을 그려 넣거나 술집임을 알리는 글자, 혹은 손님들의 술 욕구를 불러일으키는 문구나 시구를 써넣기도 했다. 마오타이주는 이러한 옛날 방식을 활용해 중국 전통문화를 담아냈다.

우량예五糧液

우량예의 붉은색 로고는 붉은색이 원래 가지고 있는 '번창', '경사' 등의 의미를 함축한다. 큰 원은 지구를 상징하는데 우량예가 세계적 명성을 지녔음을 나타낸다. 큰 원 안에 작은 원이 있고 그 안에 우량예Wuliangye를 상징하는 영문자 'W'가 들어 있다. 'W'를 거쳐 위로 향하여 한 데 모아지는 다섯 개 선은 다섯 가지 곡식이 우량예로 빚어져서 하늘로 뻗어나가듯이 발전해나간다는 의미이다.

우량예의 '이판펑순一帆風順, 순풍에 돛을 올리듯 일이 순조롭게 진행되다' 시리즈의 경우, 유리 재질의 술병을 사용해서 사람들에게 투명하고 시원한 느낌을 전달한다. 술병 모양은 물방

울을 형상화하여 좋은 술은 좋은 물로 만들어짐을 표현했다. 술병의 몸통 부분에 그려진 고대의 범선 한 척은 넓은 바다를 항해하는 모습을 표현함으로써 중국의 전통문화와 기술이 세계로 향함을 상징하고 있다.

수이징팡水井坊

수이징팡은 포장 전체에서 중국의 전통사상 중 하나인 오행五行, 즉 쇠金·나무木·물水·불火·흙土을 투영하고 있다. 오행은 우주만물을 이루는 다섯 가지 원소인데, 술병에는 금속 재질의 술마개가 있고, 재떨이로도 쓸 수 있는 술병 밑받침은 나무재질로 만들었다. 술은 그  자체가 물의 형태이며 불의 속성을 지닌다. 술을 발효시키는 발효구덩이의 진흙은 백주 발효에 필요한 미생물의 생장과 번식의 매개체로 중국 백주가 다른 증류주와 구별되는 큰 특징 중 하나이다.

수이징팡의 술병에서 가장 두드러진 특징은 병의 밑바닥이 오목하게 들어가 있다는 점이다. 이 오목한 부분은 우물, 즉 '수이징水井'을 상징한다. 오목한 부분은 육면체로 되어 있으며 각각의 면에는 청두의 명승고적이 전통공예 방식으로 그려져 있다. 이 여섯 곳의 명승고적은 청두의 역사와 문화를 상징하는데, 수이징팡이 청두의 오랜 역사와 문화 속에서 탄생했음을 표현했다.

수이징팡 포장의 또 하나 특징은 사자 형상을 활용했다는 것이다. 포장에 보면 사자 모양 단추가 3개 보이는데, 중국에서는 전통적으로 사자가 상서로움을 상징하는 동물의 하나로 성공, 존중 등을 함의한다. 수이징팡 술병에는 뒷면에 사자 모양을 음각한 것도 있으며, 광고에 사자상이 등장하기도 한다.

펀주汾酒

중국의 많은 술병은 그 자체
가 하나의 완전한 아름다운 공
예품이라 할 수 있다. 명주인
펀주는 백자에 청화 장식을 하
여 고상한 품격을 드러낸다.

포장에는 당唐대의 시인 두목杜牧의 유명한 시구절 '술집이 어디에 있느냐
고 물으니, 목동이 손가락으로 행화촌을 가리키네借問酒家何處有, 牧童遙指
杏花村'와 함께 목동을 그려 넣었다. 두목의 시에 나오는 '행화촌'이 바로 펀
주 생산지이기 때문에 오랜 전통이 있음을 표현했으며 동시에 낭만적인 목
동 그림을 넣어 시각적 형상성을 담아냈다.

병의 주요 위치에는 '汾'자와 '酒'자가 전각篆刻으로 새겨져 있는데, 두
글자가 조화를 이루어 단아한 느낌을 준다. 또 술병에는 《천가시千家詩》[1]
의 축소본이 달려 있는데 깊은 서정의 느낌과 함께 전통문화의 분위기를
잘 담았다.

펀주의 로고는 전체 모양이 행화杏花, 살구나무의 인장印章처럼 보인다. 붉
은색으로 활짝 핀 살구꽃을 그려 넣어 행화촌의 모습을 묘사했는데, 이는
펀주의 좋은 향이 널리 전해짐을 상징한다.

---

1 《천가시(千家詩)》는 송(宋)대 사방득(謝枋得)의 〈중정천가시(重訂千家詩)〉〈칠언율시(七言律詩)
시집와 청(淸)대 왕상(王相)의 〈오언천가시(五言千家詩)〉를 합쳐서 만든 것으로, 당(唐)대와
송(宋)대 시인의 명시들이 수록되어 있다.

샤오후투시엔 小糊塗仙

샤오후투시엔은 중국 최고의 명주로 일
컬어지는 마오타이주 생산지 구이저우 마
오타이진茅臺鎭에 뿌리를 두고 있다. 마
오타이진은 대대로 좋은 술을 빚어온 술
의 명당이라는 말이 있을 정도로 좋은 물
과 좋은 곡식, 뛰어난 술 제조법으로 유명
한 곳이다. 샤오후투시엔은 중급 브랜드로

술병 모양이 원주형인데, 마오타이주 술병과 비슷하다. 그래서 소비자에게
친숙한 느낌을 줌과 동시에 자신이 명주 계통으로 품질이 뛰어남을 은연
중 강조한다. 샤오후투시엔이라는 브랜드는 '난득호도難得糊塗, 똑똑하면서 바
보처럼 보이기는 어렵다'라는 중국인의 전통적 인생관이자 처세의 도에서 따왔
는데, 이 말은 청나라의 뛰어난 문학가이자 서화가인 정판교鄭板橋의 다음
과 같은 글에서 유래한다.

> 똑똑해 보이는 것도 어렵고 바보처럼 보이기도 어렵다.
> 聰明難, 糊塗難
> 똑똑하면서 바보처럼 보이기는 더더욱 어려운 일이다.
> 由聰明而轉入糊塗更難
> 똑똑함을 내려놓고 한 걸음 물러서면, 마음이 편할 테고,
> 뜻하지 않아도 나중에 복이 올 것이다.
> 放一著, 退一步, 當下心安, 非圖後來福報也

샤오후투시엔은 중국인이 가훈으로 가장 많이 쓴다는 '난득호도'를 브랜
드로 사용함으로써 중국인의 전통적인 인생관을 술과 연결짓는 묘미를 보
여준다.

여덟 번째 술잔

샤오후투시엔의 포장에는 '酒'자 로고가 있는데, 안은 사각형이고 밖은 원형이다. 이는 '외원내방內方外圓'을 상징하는 것으로 '안으로는 자신에게 엄격하고 밖으로는 사람들에게 온화하다'는 의미이다. 이 또한 중국의 전통적 처세관으로 '난득호도'와도 일맥상통한다. 로고 주변에는 상운祥雲, 상서로운 구름을 그려 넣어 행운을 기원한다.

쿵푸지아주孔府家酒

쿵푸지아주는 1986년 공자의 고향 산둥성 취푸曲阜 주조장에서 개발되어 생산되었는데 시장에 출시된 이후 국내외에서 많은 인기를 얻었다. 특히 일본, 싱가포르, 말레이시아, 한국 등 아시아 시장에서 인기가 많으며 중국에서 수출량이 가장 많은 백주 브랜드이다. 술 브랜드에서 보듯이 쿵푸지아주는 공자 집안에서 양조했던 방식을 표방했는데, 술병에는 기교를 부리지 않고 고대의 단아한 술항아리 모양과 붉은색 띠, 종이로 만들어 붙인 상표, 헝겊 덮개를 활용하여 공자 시대의 고풍스러운 느낌을 전달하고 있다.

쿵푸지아주 로고는 붉은색을 기본 색상으로 하며 사자상이 그려져 있다. 중국 건축물 입구에는 사자석상이 자주 보이는데 이는 사자가 악귀를 물리치고 집을 보호해준다는 전통 관념에서 나온 것이다. 공자가를 지키는 사자로서 외부의 온갖 악재로부터 보호해줄 것 같은 느낌을 준다.

우위에두쭌주 五嶽獨尊酒

우위에두쭌주는 산둥성에 소재한 타이산泰山주업이라는 회사에서 제조하여 판매하는 백주이다. 회사명에서 알 수 있듯이 중국의 명산 중 하나인 타이산을 대표 브랜드로 하고 있다. 타이산은 중국의 오악五嶽[2] 중 하나로 우리에게 익숙한 '태산이 높다 하되 하늘 아래 뫼이로다'라는 시구나 '티끌 모아 태산'이라는 속담에 등장하는 중국의 대표적 명산이다.

타이산은 중국 고대 시인의 시에도 자주 등장하는 대표적 소재이기도 하다. '오악독존五嶽獨尊'은 '오악 중 홀로 존귀하다'라는 의미로 타이산이 오악 중 가장 뛰어난 산이라는 것을 표현하는 말이다. 타이산 정상에 오르면 이 글귀가 새겨진 큰 바위가 있는데 타이산을 상징하는 유물이기도 하다. 우위에두쭌주는 산둥성에 있는 타이산을 브랜드로 하여, 술병 모양 또한 실제 타이산 정상의 바위를 그대로 형상화함으로써 지역적 특징을 오롯이 활용하고 있다.

---

2 동악(東嶽)은 산둥성의 타이산(泰山), 남악(南嶽)은 후난성의 헝산(衡山), 서악(西嶽)은 산시성(陝西省)의 화산(華山), 북악(北嶽)은 산시성(山西省)의 형산(恒山), 중악(中嶽)은 허난성의 쑹산(嵩山)을 가리킨다.

우펑추안주烏蓬船酒

저장성 샤오싱에는 '오봉선烏蓬船'이라는 독
특한 수상운송 수단이 있다. 오봉선의 지붕은
대나무로 만드는데, 대나무를 반원형으로 굽
힌 후 대나무 사이에 대껍질을 끼워 잇는다.
그다음 숯가루와 오동나무 기름을 섞어 배의
지붕에 바르므로 '검은 지붕의 배'라고 부르는
데, 샤오싱 방언에서 '흑黑'을 '오烏'라고 하므
로 '오봉선'이라고 부른다. 이 이름을 딴 우펑
추안주의 술병에는 바로 이 오봉선이 그려져
있다.

베이따창주北大倉酒

베이따창은 헤이룽장성에 소재한 주조회사에
서 만드는 백주 브랜드이다. '베이따창'은 헤이
룽장성 동부 지역의 싼장三江평원과 북부의 송
년松嫩평원 일대를 가리킨다. 이 지역은 본래 황
무지로 별 쓸모 없는 땅으로 인식되던 곳이어서
사람들은 이 지역을 '베이따황北大荒, 북쪽의 넓은 황무지'이라고 불렀다. 하지
만 중화인민공화국 탄생 이후 약 반세기에 걸친 개간사업으로 중국의 중요
한 식량 기지로 탈바꿈하였다. 이리하여 새로 붙여진 이름이 바로 북쪽의
넓은 식량창고라는 뜻의 '베이따창'이다. 좋은 술은 깨끗한 물과 품질 좋은
곡식이 전제가 된다. 베이따창주는 술병과 포장에 곡식 그림을 넣음으로
써 지역적 특색과 함께 좋은 곡식으로 만들어진 술임을 강조한다.

위엔멍주圓夢酒

술병은 붉은색과 검은색 두 가지 유형이 있다.
전체 모양은 단아하면서도 고귀한 느낌을 주어 예
술적 감상의 가치를 지닌다. 아름다운 술병으로 유
명하여 '술에 취하는 것이 아니라 먼저 술병에 취
한다未醉於酒, 先醉於器'라는 평을 듣는다.

구징궁주古井貢酒

안후이 보저우의 구징궁주 중에는 위魏무제 조
조의 얼굴이 술병 몸통에 그려진 것이 있다. 조조
는 고향 보저우에서 만들어진 지우윈춘주九醞春酒
와 그 제조방법을 한漢나라 헌제인 유협에게 바쳤
다고 한다. 그래서 술병에 조조 모습을 넣어 역사
와 전통의 가치를 강조한 것이다.

사미인주四美人酒

중국 고대의 4대 미인은 서시西施, 초선貂蟬, 왕소군王昭君, 양귀비楊貴妃
를 말한다. 4대 미인은 술병에 종종 등장하는 소재이기도 하다. 때로는 술
병 몸통에 4대 미인의 아름다운 자태를 그려 넣기도 하고, 술병 자체를 미
인 형상으로 제작하기도 한다. 미인 형상을 한 술병은 수집 가치가 높다.

샤오싱화디아오주紹興花雕酒

샤오싱화디아오주는 중국의 황주를 대표하는 술이다. 전해지는 말에 따르면 옛날 샤오싱에서는 딸을 낳으면 술을 항아리에 담아 땅에 묻은 후 딸이 커서 시집을 가게 되면 이 술을 잔치에 사용했다고 한다. '화디아오花雕'는 항아리에 새긴 여러 가지 아름다운 그림을 말한다. 이때 새긴 그림으로는 '팔선과해八仙過海, 여덟 신선이 바다를 건너다', '항아분월嫦娥奔月, 항아가 달로 떠나다', '천녀산화天女散花, 천상의 선녀가 꽃을 뿌리다' 등이 있다. 샤오싱화디아오주도 술병에 이러한 그림을 새김으로써 민간의 오래된 이야기를 담아냈다.

싼삐앤주三鞭酒

술병의 전체 모습은 호리병 모양이며, 몸통에는 중국 전설에서 신선이 살고 있다는 봉래선각蓬萊仙閣이 그려져 있다. 싼삐앤주는 해구편海狗鞭, 녹편鹿鞭 , 구편狗鞭에 여러 가지 약재를 첨가해 만든 약술인데, 이러한 술의 성격이 신선이라는 존재와 잘 어울린다. 신선이 술이 담긴 호리병을 허리춤에 차고 다니는 모습을 상상하게 한다.

루쉰기념주 魯迅紀念酒

혁명 시기 중국의 대문호이자 사상가인 '루
쉰'을 기념하려고 만든 한정판 술이다. 푸르스
름한 납색 도자기로 제작된 술병은 루쉰의 반
신을 그대로 형상화하였다. 중국인이 존경하는
위대한 인물을 그대로 형상화했을 뿐 아니라
수량 또한 많지 않아 술병 수집가들이 애장하
는 것이기도 하다.

멍구왕 蒙古王

멍구왕은 외포장과 술병에 몽골족의 문화적
특색이 잘 표현되어 있다. 외포장은 몽골족의
독특한 주거 건축인 게르 모양을 본떴으며, 술
병은 옛날 몽골군 장군들이 쓰던 투구 모양을
본떴다. 초원을 호령하던 몽골 왕의 호방함이
잘 드러나 있다.

3
라벨 읽기

상품 포장에는 해당 상품과 관련된 다양한 정보가 있게 마련이다. 상품과 관련된 정보를 소비자에게 정확하게 전달하여 소비자가 그 상품을 구매할 때 합리적으로 선택할 수 있게 하기 위함이다. 상품의 정보 게시는 대부분 국가에서 제조사의 허위 기재나 과장광고를 막기 위해 법으로 엄격하게 관리한다. 중국의 백주 또한 정부의 엄격한 관리 아래 상품 정보를 게시한다. 백주는 보통 포장의 겉면이나 술병의 라벨에 상품 정보를 기재한다. 라벨에 기재되는 정보를 살펴보자.

MAOTAI
TOWN GUIZHOU
典藏版

① 食品名称：久丰牌窖藏原浆酒（酱香型白酒）
② 酒 精 度：53%vol
③ 净 含 量：650ml
④ 配　　料：水、高粱、小麦
⑤ 贮藏条件：阴凉、干燥、通风、常温下保存
⑥ 生产日期：见瓶身
⑦ 执行标准：GB/T26760-2011
⑧ 生产许可证号：QS5200 1501 2066
⑨ 生产厂家：贵州省仁怀市茅台镇传统酒业有限公司
　 产　　地：贵州省遵义市仁怀茅台镇
　 生产地址：贵州省仁怀市茅台镇上坪材孝关平组
　　　　　　贵州省仁怀市鲁班镇兴文街
　 全国贵宾热线：4000-345-199

S 生产许可
QS5200 1501 2066

6 930140 209503

① 食品名称: 제품명

제품명은 상표로 등록된 브랜드명이다. 유명 백주회사에는 보통 고급 브랜드 외에도 다양한 보급형 중저가 브랜드가 있으므로 해당 제품이 어떤 종류의 어떤 등급인지 확인할 수 있다. 또한 어떤 향에 속하는지에 대한 정보가 부가되는데 위의 경우에는 '장향형' 백주임을 알 수 있다. 기호에 따라 향의 유형을 선택할 때 참고할 수 있다.

② 酒精度: 알코올 도수%vol

③ 净含量: 용량㎖

일부 백주의 경우 술병은 크고 화려하나 실제 용량은 그리 많지 않기도 하니 라벨에 기재된 실제 용량을 확인하는 것이 좋다.

어덟 번째 출간

④ **配料**: 제조 성분

제조 성분은 제조 과정에서 투입된 성분의 양이 많은 것에서 적은 것 순서로 표기한다. 위의 백주는 물, 수수, 밀이 주요 성분임을 알 수 있다.

⑤ **贮存条件**: 보관 방법

백주는 고도수의 술로 보관 방법에 따른 변질 가능성이 높지는 않으나, 백주 보관 방법에서 자주 볼 수 있는 단어는 앞의 라벨에서처럼 '阴凉서늘하다', '干燥건조하다', '通风통풍이 잘되다', '常温상온' 등이다.

⑥ **生产日期**: 생산일자

생산일자는 보통 날짜가 표기되어 있는 곳을 표시한다. '见瓶身술병 겉면을 보세요', '见瓶盖술병 마개를 보세요', '见盒顶部포장 상단을 보세요' 등으로 기재하여 술병 마개나 겉면, 포장 상단에서 확인하면 된다.

⑦ **执行标准**: 제품 표준번호

백주의 유형에 따라 고유번호가 부여된다. 이 고유번호를 보면 해당 백주가 어떤 유형인지 알 수 있다. 위 라벨에 표기된 GB/T26760은 장향형의 표준번호이다.

농향형浓香型 백주	GB/T10781.1	미향형米香型 백주	GB/T10781.3
청향형清香型 백주	GB/T10781.2	장향형醬香型 백주	GB/T26760

⑧ **生产许可证号**: 생산허가증 번호

백주는 생산허가 관리 품목이므로 반드시 생산허가를 받아야 하며 생산허가증 번호를 기재해야 한다. 맨 아래 왼쪽에는 생산허가 마크가 붙어 있다. 즉 국가의 엄격한 검증과정을 거쳐 생산하고 있음을 보여준다.

⑨ **生产厂家**: 제조사, **产地**: 생산지, **生产地址**: 생산지 주소

제조사 연락처를 기재하게 되어 있다. 보통 전화번호와 홈페이지 주소를 함께 기재한다.

이외에 술병의 라벨이나 포장에는 반드시 '过量饮酒有害健康 지나친 음주는 건강에 해롭습니다'의 경고 문구를 기입하게 되어 있으며, 최근에는 '酒后请勿驾驶车辆 음주운전을 절대 삼가십시오'이라는 문구를 함께 넣기도 한다.

여덟 번째 출잔

4
술병의 가치

일반적으로 현대식 자기瓷器로 만들어진 술병의 가격은 보통 2위안에서 5위안 정도이며, 품질이 좋은 것은 5위안에서 10위안 정도이다. 디자인이 독특한 술병들은 수백 위안에서 수천 위안에 이른다. 출품된 지 오래된 희귀한 술병은 수만 위안을 호가하기도 한다.

술병 수집가들은 일반적으로 소장가치가 있는 술병을 크게 네 등급으로 구분한다.

첫째, 가장 낮은 3등급 술병이다. 3등급 술병의 가치는 20위안 이하이다. 이 등급의 술병은 수량이 비교적 많지만 일정한 조형적 특징이 있다. 아무런 특징이 없는 현대식 유리병이나 조잡한 도자기류 술병은 잡병으로 취급되어 수집 범위에 포함되지 못한다.

둘째, 2등급 술병이다. 가치는 보통 20위안에서 100위안 사이이다. 술병의 수량이 적지는 않지만 예술성이 비교적 높고 제작기법도 정교한 술병이 여기에 해당한다. 또 특별한 기념 의미를 지닌 현대식 술병도 여기에 포함된다.

셋째, 1등급 술병이다. 가치는 보통 100위안에서 1,000위안 사이이다. 조형이 매우 우아하고 무늬 장식이 생동감 넘치는 술병, 유명 가마터에서 제작했거나 명인이 만든 현대식 술병, 명확한 증빙이 가능한 역사적 의미가 있는 술병, 초대형 술병, 세트로 구성된 아름다운 술병, 한정 생산된 기념 술병 등이 여기에 포함된다.

넷째, 특등급 술병이다. 가치는 1,000위안 이상이다. 주로 명주나 오래된 술을 담은 특제 장식 술병, 귀한 재료로 제작된 술병, 고대의 진귀한 술병, 유명한 예술인이 만든 술병, 유명인사가 오랫동안 소장했던 술병, 세트로 구성되고 희소성이 있는 술병, 공예 기술이 매우 복잡한 술병 등이 여기에 해당한다.

술병의 진위를 감별할 때는 몇 가지를 주의해야 한다.

첫째, 포장 겉면에 술 제조공장의 이름이 있는지, 술병에 마개가 있는지, 병마개에 생산일자가 있는지 살펴보아야 한다.

둘째, 생품生品과 숙품熟品을 구별해야 한다. 생품은 술이 실제로 담긴 적이 없는 병을 말하며, 숙품은 실제로 술을 담아 사용했던 병 또는 술이 담겨 있는 병을 말한다. 숙품은 실제로 술이 담겨 있었기 때문에 술병에 술의 독특한 향이 남아 있고 해당 술과 관련된 스토리텔링이 가능하기 때문에 수집 가치가 훨씬 높다.

셋째, 형상적 측면에서 인물, 동물, 화훼, 고전문학, 신화, 고대건축 등이 있는지 살펴보아야 한다.

중국 술병은 수집가들에게도 인기 있는 수집품이다. 쓰촨 투오파이沱牌의 주가에서 제조된 12간지 술병은 모양이 독특하고 고풍스러워서 호가가 수천 위안에 이른다. 또 '팔선과해', '칠선녀七仙女' 시리즈 술병이나 대만, 홍콩의 술병들은 디자인이 뛰어나고 품질도 우수하여 수백 위안 이상의 가치를 지닌다. 술병 수집에서 가장 진귀하게 대접받는 것으로는 후난 장사요長沙窯에서 만들어진 유하채釉下彩, 유약을 입히기 전에 채색하는 방법 술병을 꼽을 수 있다. 당唐대 이후 장사요는 도자기 술병을 대량으로 만들어온 역사가 있다.

현재 술병 수집가들 사이에서 인기 있는 몇몇 술병과 그 가치를 알아보며 중국 술병의 다양함을 살펴보면 흥미로울 것이다.**3**

	1960~66년에 일본으로 수출되었던 초기 해바라기 상표의 마오타이주 술병이다. 현재 수집상들 사이에서 2,200위안을 호가한다.
	1980년대에 생산된 타이쭌부주太尊補酒로 네 개가 한 세트로 구성되어 있다. 경극에 등장하는 인물의 모습으로 표정이 생생하다. 현재 2,000위안을 호가한다.
	마오쩌둥 흉상 모양의 술병으로 2009년에 출시된 구베이춘주古貝春酒이다. 건국 60주년을 기념해 만들어졌으며, 실제 인물의 모습과 흡사하여 소장가치가 높다. 현재 1,600위안 정도에 거래된다.
	《삼국지》의 도원결의를 주제로 한 도원삼결의주桃園三結義酒이다. 유비, 관우, 장비 세 사람 모습을 각각 술병으로 제작하였다. 인물 묘사가 재미있고 술병 자체가 매우 독특하다. 현재 1,200위안 정도에 거래된다.

---

3 7788收藏(http://www.997788.com) 참조.

여덟 번째 술잔

우량예의 한정판 술로 중국의 전통적 도자기 기법으로
제작되었다. 색상이 아름답고 술병이 우아하여 소장가치
가 높다. 현재 약 900위안에 거래된다.

중국 여성의 전통 복장 중 하나인 치파오旗袍를 형상화
하였다. 아름다운 곡선미가 술병에서 전달되어 독특함을
준다. 현재 약 400위안에 거래된다.

알아두면 쓸데 있는 상식

■ 중국술의 재미있는 광고 표현

• 펀주汾酒 광고 표현

喝酒必汾, 汾酒必喝。

술을 마실 때는 반드시 분주를 마셔야 하며, 분주는 반드시 마셔야 한다.

이 광고 문구는 《삼국지》에 나오는 '합구필분 분구필합合久必分 分久必合', 즉 통일된 국가는 시간이 지나면 반드시 분할되며, 여러 나라가 분할되어 오래되면 반드시 통일이 된다는 구절을 응용하였는데, 분주와 발음이 같은 부분을 바꾸어 톡톡한 광고 효과를 거두었다. 중국어에서 '合[hé]'과 '喝[hē]', '分[fēn]'과 '汾[fén]'은 성조만 다르고, '久[jiǔ]'와 '酒[jiǔ]'는 동음이다.

• 주구이주酒鬼酒 광고 표현

酒鬼背酒鬼, 千斤不嫌赘 ;
酒鬼喝酒鬼, 千杯不会醉,
无上妙品, 酒鬼酒。

술꾼이 술꾼을 들쳐 메었으니 천근이라도 귀찮지 않으며, 술꾼이 술꾼을 마시니 천 잔을 마셔도 취하지 않는다네. 주구이주보다 더 묘한 술은 없으리라.

주구이주의 광고 표현은 '술을 아주 좋아하는 술꾼酒鬼'이라는 술 이름을 잘 활용했다. 일반명사 '술꾼'과 브랜드명 '술꾼'을 절묘하게 결합해서 의미가 상당히 해학적이고 언어구조도 운율적이어서 경쾌한 리듬감을 준다.

여덟 번째 술잔

아홉 번째 술잔

술자리의 미학

한국의 술자리문화로 대표되는 회식은 보통 식사를 마친 후 본격적으로 술을 마시는 2차, 3차 자리가 이어지지만, 중국에서는 일반적으로 저녁 식사자리에서 술자리를 겸한다. 사람들과 함께 모이는 자리가 식사자리이고, 식사자리에서 술을 마시게 되므로 '식사자리＝술자리'인 셈이다. 술자리에서의 예절이나 술 마신 다음 날 숙취를 해소하기 위한 해장문화는 우리와 사뭇 다르다. 중국인의 술자리문화와 예절 그리고 해장과 관련된 음식에는 무엇이 있을까? 중국인과 술자리를 함께할 때 알아두어야 할 팁과 해장에 좋은 음식을 소개한다.

성공적인 술자리를 위한 예절

중국은 일반적으로 식사자리에서 밥을 먹으며 술을 마시고, 천천히 사람들과 이야기를 나누며 시간을 보내고 우리와 다르게 2차, 3차 문화가 없다. 이렇게 다른 중국의 음주문화와 술자리 예절 때문에 난처한 일이 생기는 경우도 있다. 예를 들어 중국의 첨잔문화를 몰라 따라주는 대로 마시다가 인사불성이 된다거나 상대방 술잔이 완전히 비면 술을 따라주려고 기회를 엿보다가 상대를 무시한다는 인상을 주기도 한다. 중국인과 비즈니스할 때 술자리는 매우 중요한 비중을 차지하므로 중국의 술자리 예절을 몰라 난처한 상황이 생기면 비즈니스에도 영향을 미칠 수 있다. 중국인과 함께하는 술자리에서 좋은 인상을 남기려면 다음에서 소개하는 예절을 기억하는 것이 좋다.

아홉 번째 술잔

1 | 술자리 예절

사전에 지켜야 할 예절

– 착석하기 전까지 기다림

중국에서는 중요한 자리일 경우 대개 식사자리를 방으로 예약한다. 주최 측이 먼저 와 있을 경우에는 주최 측에서 자리 안내를 해주기 때문에 안내에 따라 자리에 앉는다. 그러나 주최 측보다 먼저 도착했다면 주최 측이 올 때까지 기다렸다가 자리에 앉는 것이 예의이다. 먼저 도착했을 때 종업원의 안내가 있으면 안내에 따라서 별도로 준비된 공간에서 차를 마시며 기다리거나, 종업원의 안내가 없으면 방에 따로 준비된 의자나 소파에 앉아서 기다리는 것이 좋다.

– 자리에 앉을 때 순서

중국에서는 식사할 때 신분에 따라 좌석의 배치를 정한다. 즉 식사자리 배치에 나름의 규칙이 있다. 식사하는 방의 입구 문과 대칭되는 곳에 위치한 자리는 상석으로 주최 측 1인자의 자리이고, 맞은편은 차석으로 주최 측 2인자의 자리이다. 상석의 양옆으로는 중요한 손님을 앉히고, 상석을 기준으로 오른쪽에 중요한 손님1, 왼쪽에 중요한 손님2가 앉게 된다.

이와 같은 자리배치는 '상좌존동尚左尊東'과 '면조대문위존面朝大門爲尊'의 두 가지 원칙에 따른 것이다. '상좌존동'은 왼쪽과 동쪽이 상석이라는 뜻이고, '면조대문위존'은 문을 마주 보고 앉은 사람이 윗사람이라는 뜻이다.

 **술을 마실 때 예절**

– 술자리의 시작을 알리는 환영주

자리에 착석한 후에는 자연스럽게 가벼운 안부 인사를 시작으로 어떤 술을 마실지 손님에게 물어본다. 이때 술자리 분위기와 상황, 지역적 특색을 고려하여 술을 선정하는 것이 좋다. 그러나 어떤 술을 마셔야 할지 모른다면 주최 측에 선택권을 넘기면 된다. 술을 주문하면 종업원이 술병을 들고 와서 주문한 술이 맞는지 확인해준다. 이때 주최 측에서는 주문한 술이 맞는지, 새 상품인지를 확인한 뒤 술병을 연다.

주최 측 1인자가 환영의 의미를 담은 건배사를 하면서 본격적인 술자리가 시작된다. 환영주는 주최 측에서 세 사람이 각각 세 번씩 하는 것이 예의이고, 주최 측의 환영주가 끝나기 전에 손님 측에서 먼저 술을 권하면 주최 측 정성을 받아들일 수 없다는 의미가 되므로 조심해야 한다. 주최 측 1인자의 환영주 마시기가 끝나면 주최 측 2인자가 다시 환영주를 세 번 손님들에게 권하고, 그다음에는 또 다른 주최 측 사람이 환영주를 세 번 권하게 되어 모두 총 아홉 번 건배하는 것이 상례이다. 그러나 현대에 들어서는 지역에 따라 간략하게 하는 경우도 많다. 상황에 따라 환영주를 각 한 번씩, 세 번만 건배하는 경우도 있다. 또 첫 번째 건배사는 주최 측 1인자, 두 번째 건배사는 손님 중에서도 가장 중요한 손님, 세 번째 건배사는 주최 측 2인자가 하기도 한다. 보통 세 번의 건배사가 끝나면 개개인이 서로 통성명을 하거나 안부를 물으며 술을 마시게 된다.

– 때로는 자리를 이동하며 인사하기

통성명이 필요할 때는 자리에서 일어서서 연장자나 직급이 높은 사람에게 먼저 가서 술을 권하며 인사한다. 술을 권하고 받을 때는 함께 일어서

아홉 번째 술잔

서 받아도 되고, 상대적으로 낮은 직급이거나 나이가 어린 사람이 술을 권한다면 앉아서 받아도 된다. 또한 주최 측에서 한 사람 한 사람을 소개하며 술자리 분위기를 이끌기도 한다.

🏺 술을 따를 때 예절

– 술을 권할 때

존경의 마음을 담아서 "제가 한 잔 올리겠습니다"라는 표현으로 "워 찡니 이뻬이我敬你一杯"라고 한다. 술을 마신 뒤에는 함께 술을 마셔서 기쁘다, 고맙다는 표현으로 "쎼쎼谢谢" 또는 상대 주량을 칭찬하는 표현으로 "하오 지우량好酒量"이라고 하면 된다.

– 술잔 돌리지 않기

한국에서는 본인 술잔을 상대방에게 건네면서 술을 권하는 것을 친밀함의 표현으로 여긴다. 그러나 중국에서는 다른 사람이 마셨던 잔에 술을 따라 마시는 것을 꺼리기 때문에 술잔을 돌리는 것은 상대방을 당황하게 하거나 불쾌하게 만들 수 있다. 이는 위생상 다른 사람의 침이 묻은 술잔에 술을 마시는 것이 불결하게 느껴져서이기도 하고, 또 역사적 관점에서 볼 때 전쟁이 잦았던 중국에서 술에 독을 타서 잔을 권하기도 했으므로 이를 경계하기 위해 자기 잔으로만 술을 마셨던 것이 전해 내려온 것이다.

– 술을 따를 때는 첨잔하는 것이 예의

중국인과 술자리에서 상대의 잔이 다 비워지지 않았더라도 첨잔해주는 것이 예의다. 한국에서는 빈 잔에 술을 채워주는 것을 예의라고 생각하지만 중국에서는 술잔에 술이 남아 있더라도 잔을 채워주는 것이 예의이며 상대에 대한 관심이라고 생각한다. 그러므로 상대 술잔에 술이 어느 정도 비워지면 바로 첨잔해 술잔에 술이 가득하도록 해야 한다. 술을 따를 때 상대방이 술잔을 손으로 가리는 것은 거절의 의미이니 술을 더 권하지 않도록 주의해야 한다.

- 자작문화가 있는 중국

우리나라 음주문화는 서로가 상대의 잔에 술을 따라주는 것이 일반적이므로 술자리에서 자작自酌하면 맞은편에 앉은 사람에게 재수 없는 일이 생긴다는 등의 속설이 있다. 그러나 중국은 서로 술을 따라주기도 하고 스스로 따라 마시기도 한다. 우리나라는 술을 따르기 위해 술병을 찾아야 하지만, 중국에서는 우리나라와 달리 작은 유리병으로 된 1인 술병이 각자 자리에 준비되어 있는 경우도 있다. 중국인은 자기 술잔이 비면 앞에 준비된 1인 술병의 술을 따라 마신다. 따라서 자작에 대한 부정적 인식이 없으므로 상대가 자작한다고 해서 놀라며 술병을 들어주는 행동은 하지 않아도 된다.

🍶 술을 받을 때 예절

술을 받을 때 상대 직급이나 연령에 따라 주의해야 할 점이 있다. 술을 따라주는 상대가 연장자이거나 직급이 높으면 본인 술잔을 들 때 왼손으로 술잔으로 받치는 것이 예의이다.

－ 술을 받을 때 탁자를 두드리기

간혹 중국인이 술을 받을 때 술잔을 들지 않고 손가락으로 탁자를 두드린다. 이것을 예를 갖춰 손가락을 두드린다고 하여 '고지례叩指禮'라고 한다. 청대에 건륭제가 평복 차림으로 민가에 신하를 데리고 사찰을 나갔을 때 신하와 마주앉아 차를 마시게 되었다. 신하가 감히 황제 앞에서 차를 받아 마시는 것은 법도에 어긋나지만 신분이 노출되지 않도록 하기 위해 손가락을 구부려 마치 무릎을 꿇은 것과 같은 모양으로 탁자를 두드렸던 것이 바로 고지례이다. 술 또는 차를 따르는 상대에 따라 고지례의 표현 방법도 다르다.

상대가 연장자일 때 상대가 동년배일 때 상대가 아랫사람일 때

－ 술을 마시지 못할 때

중국술은 도수가 높은 술이 좋은 술이다. 다시 말하면 중국인에게 좋은 술은 도수가 높은 술이고, 비즈니스를 위해서 만들어진 자리일 때는 주최 측에서 좋은 술, 즉 도수가 높은 술을 준비한다. 그러나 술을 마실 수 없는 상황일 때는 미리 양해를 구하고, 같이 건배할 때 찻잔을 들어 '차로 술을 대신하겠다'는 뜻의 "이 차 따이 지우以茶代酒"라고 말한다. 이때 차가 아닌 다른 음료로도 대신할 수 있으며, 개인의 취향에 따라 주종을 달리하여 마셔도 무관하다. 술을 못 마시거나 안 마시는 것은 큰 실례가 되지 않는다.

🏺 건배할 때 예절

중국에서는 술자리를 여는 환영주를 시작으로 사람을 소개할 때, 새로운 코스요리가 나올 때 등 수시로 건배를 한다. 건배할 때는 술잔 높이를 상대 술잔보다 낮게 하고, 왼손으로 술잔을 받치는 것이 예의이다. 또 술을 마시기 전 상대방과 눈을 맞춘 다음 건배한 뒤 마시고, 빈 잔을 아래로 향하여 남은 술이 없음을 확인해주는 것이 좋다.

– "깐뻬이干杯"를 외치는 중국인

우리나라 사람들은 술을 마실 때 흔히 "건배!"를 외치며 잔을 부딪친다. 중국에서도 술을 마실 때 잔을 들어 "깐뻬이干杯"라고 한다. '깐뻬이'는 잔이 마를 정도로 아주 깨끗하게 비운다는 뜻이다. '깐뻬이' 말고도 정이 깊으면 한번에 마시라는 "간칭 션, 이커우 먼感情深, 一口闷"을 외치기도 한다. 이와 같은 건배사는 우리나라의 '원샷'과 비슷한 의미로 볼 수 있다. 중국인은 건배를 제의하며 희망, 행복, 성공 등을 기원하는 내용을 담아 말하거나 사자성어 등을 인용하여 건배사를 하기도 한다.

– 술을 거절하는 것도 예의 있게

술을 마시다가 힘이 들거나 술을 조금만 마시고 싶을 때는 "쑤이이隨意"라고 하면서 잔을 들면 된다. '쑤이이'는 원래 '마음대로 하다'라는 의미인데 술자리에서는 '원하는 만큼만 마시다'라는 말로 해석할 수 있다. 각자 원하는 만큼만 마시자고 권할 때는 잔을 들어 "쑤이이"라고 하면 된다.

– 멀리 있는 사람과 건배할 때

술잔을 들어 건배하고 싶지만 상대방이 멀리 앉아 있다면 술잔을 탁자에 가볍게 부딪쳐도 된다. 이렇게 멀리 앉아 있는 상대를 향해 술잔을 들

아홉 번째 술잔

어 술을 권하고 마시는 것을 전기가 통한다는 뜻의 '꾸오띠엔过电' 또는 온라인이라는 의미의 '샹왕上网'이라고 한다.

- 중국의 벌주와 흑기사

중국인들도 벌주 게임을 즐긴다. 게임으로 마시는 벌주 외에도 술자리에 늦게 도착했을 때는 '후래자삼배後來者三杯'라고 해서 석 잔을 마시게 한다. 우리나라에서는 술을 대신 마셔주는 사람을 '흑기사'라고 하는데 중국에서는 술을 대신 마시게 하는 것을 '따이인代饮'이라고 한다. '따이인'을 하더라도 본인이 술잔을 먼저 들어 예의를 갖춘 후 다른 사람에게 술잔을 넘겨 대신 마시게 하는 것이 예의이다.

술자리를 끝맺을 때 예절

술자리를 마무리할 때는 술자리를 시작했던 것과 같이 주최 측에서 마무리하는 인사를 하며 끝을 알린다. 즐겁고 화기애애한 분위기에서 모임의 소감이나 다음을 기약하는 인사를 한다. 마지막까지 술자리를 즐기고 싶다면 본인 주량을 적절하게 조절하며 술을 마시는 것이 좋다. 중국인의 첨잔과 권주를 다 받아 마신다면 술자리가 마무리되기도 전에 술에 취할 수 있다.

알아두면 쓸데 있는 상식

■ 중국의 술자리 게임

• 치빠지우 七八九

'치빠지우' 게임은 주사위 두 개로 하는 비교적 간단한 게임으로 벌주 컵이 있어야 한다. 먼저 주사위 두 개를 컵에 넣고 흔들다가 바닥에 굴리거나 손에서 흔들다가 그릇이나 통에 던져 넣는다. 한 사람씩 돌아가면서 주사위를 던지는데, 이때 나온 숫자의 합이 '7'이면 술을 마시지 않고, 벌주 컵에 따르고 싶은 만큼 술을 따를 수 있다. 숫자의 합이 '8'이면 벌주 컵에 있는 술의 절반을 마셔야 하고, '9'가 나오면 벌주 컵에 있는 술을 전부 마시는 벌칙을 받는다. 그 후 다시 술을 따라 새 게임이 시작된다. 만약 주사위 두 개가 모두 '1'이 나오면 마음대로 한 명을 지명하여 벌주를 마시게 할 수 있고, '1'을 제외한 다른 숫자가 똑같이 나온다면 게임이 진행되던 방향의 반대 방향으로 돌아가게 된다.

• 화취엔 劃拳

'화취엔'의 게임 방식은 두 사람이 각각 한쪽 손만 사용하여 동시에 손가락으로 숫자를 제시한다. 주먹은 0이고 손가락은 1~5까지 낼 수 있기 때문에 두 사람이 낸 손가락의 합은 0부터 10까지가 된다. 두 사람이 손가락을 내면서 번갈아가며 한 사람씩 숫자를 외치는데, 외친 숫자와 두 사람이 내민 손가락의 합이 같으면 숫자를 외친 사람이 이기게 되고 진 사람은 벌주를 마신다. 여기서 재미있는 것은 숫자를 외칠 때 숫자를 직접 외치지 않고 속담이나 성어를 사용한다는 점이다. 지역마다 사용하는 속담이나 성어가 약간 차이는 있지만 가장 자주 사용하는 표현은 다음과 같다.

숫자	대체 속담(성어)	의미
0	**寶不露** 바오뿌루	주먹으로 재물을 꼭 쥐어 밖으로 새지 않게 하다
1	**一心敬** 이씬징	한마음으로 상대를 존경하다
2	**哥兩好** 꺼량하오	두 사람 사이의 깊은 우정
3	**三星高照** 싼씽까오짜오	세 별이 높이 비추다: 전설에 따르면, 복성福星은 행운을, 녹성祿星은 출세를, 수성壽星은 장수를 관장하는 신으로 이들은 하늘의 별에 기거한다.
4	**四鴻喜** 쓰훙씨	네 가지 큰 기쁨: 옛사람들은 가뭄 끝에 단비를 만났을 때, 타지에서 고향 사람을 만났을 때, 신혼 첫날밤을 보낼 때, 과거에 급제했을 때를 네 가지 큰 기쁨으로 여겼다.
5	**五魁首** 우쿠이셔우	과거시험에서 5과科에 장원급제하다: 옛날 과거시험에서는 《시경》, 《서경》, 《예기》, 《역경》, 《춘추》의 5경으로 인재를 선발했는데, '괴魁'는 시험에서 일등하다는 의미가 있다.
6	**六六大順** 리우리우따슌	모든 일이 순조롭게 풀리다: 六六는 음력 6월 6일을 가리키는데, 옛사람들이 이때를 중요하게 여긴 데서 유래한다.
7	**巧到七** 차오따오치	견우와 직녀가 칠월칠석(음력 7월 7일)에 만나다
8	**八仙過海** 빠씨엔구오하이	여덟 신선이 바다를 건너다: 누구에게나 각자 뛰어난 재주가 있음을 의미한다.
9	**快喝酒** 콰이허지우	어서 술을 마시자: '술 주酒'와 '아홉 구九'는 발음이 같다.
10	**滿堂紅** 만탕훙	모든 일에서 성취를 거두다: 옛날에 집안 곳곳에 형형색색 등을 걸어두었던 데서 유래한다.

2 | 성공적인 술자리 만들기

술자리를 계기로 중국인과 비즈니스를 도모하고 싶은데 중국어가 자유롭지 않다면 통역사를 섭외하는 것이 좋다. 그러나 야심차게 준비한 재치만점 건배사에 박장대소하는 한국인 참석자들과 달리 중국 측 반응이 뜨뜻미지근하거나 비즈니스가 성사되지 않았다면 무슨 문제일까? 중국인과 술자리를 성공적으로 하기 위해 알아야 할 지식과 통역사 활용법을 알아보자.

🏺 간단한 중국 문화지식 준비하기

술자리에 통역사가 동석할 경우 비교적 원활한 소통이 가능하지만 통역사가 먼저 대화 주제를 던진다거나 분위기를 띄우는 일은 거의 없다. 따라서 식사자리에서는 자칫 분위기를 무겁게 할 수 있는 실무 이야기를 하는 것보다 최근 이슈가 되고 있는 중국의 문화나 역사 등을 주제로 삼아 가볍고 편안한 분위기를 만드는 것이 좋다.

상공회의소에서 중국 투자단 방한 기념 만찬행사를 개최한 적이 있다. 테이블별로 한중 양국의 경제계 대표들이 섞여 앉아 식사를 하며 행사가 진행되었다. 대부분 실무적인 이야기가 오가면서 근엄하거나 냉랭한 기운이 흘렀지만 유독 한 테이블에서 유쾌한 웃음소리와 시끌벅적한 건배가 이어졌다. 그 테이블에 있던 한국 측 참석자가 이백李白의 〈장진주將進酒〉를 읊자 중국 측 참석자들이 반색을 하며 단번에 분위기가 달아올랐다는 것이다. 술자리에 적절하면서 중국인에게 호감을 살 수 있는 간단한 시구나 《삼국지》, 중국의 인물, 영화, 소설, 사자성어 등을 알아두는 것이 큰 도움이 될 수 있다. 주제의 경중을 떠나 상대 국가에 대한 관심을 표현하는 것은 분명히 환영받을 일이다. 술자리의 성공 가능성을 높이고 싶다면 중국 문화나 이슈에 대한 가벼운 주제 하나쯤은 안주거리로 준비하는 것도 좋은 전략 중 하나이다.

통역사 효율적으로 활용하기

당사자 혹은 직원 중 누군가 중국어를 할 줄 안다면 문제가 없다. 그러나 중국어로 의사소통이 불가능한 상황에서 순조롭고 원활하게 소통하기 위해 통역사를 구하는 경우가 많다. 통역한다는 것은 자판기에 동전을 넣고 버튼을 눌러 상품을 꺼내듯 머릿속에 들어 있는 외국어를 꺼내기만 하면 되는 것이 아니다. 게다가 식사자리에서 가벼운 대화는 조금 부족한 외국어 실력으로도 가능하지 않느냐는 물음은 일견 설득력 있게 들리기도 하지만 외국어를 아는 것과 통역을 하는 것은 완전히 다르다. 비즈니스를 성공적으로 하기 위해 통역사를 구하고 활용할 때 몇 가지는 꼭 알아두자.

– 관련 정보는 사전에 공유하자

회의나 협상자리에서와 마찬가지로 식사자리에서는 여전히 실무 이야기가 오가고, 예상을 뛰어넘는 다양한 주제로 대화가 이어지기도 한다. 이 때문에 비즈니스를 위한 관련 자료를 사전에 통역사에게 전달해 통역사가 관련 내용을 미리 숙지하도록 하는 것이 좋다. 특히 외래어나 전문용어 등은 반드시 사전에 알려주는 것이 좋다. 또한 식사자리에서 이야기할 화젯거리를 준비했다면 미리 통역사에게 알려주는 것이 좋다.

– 통역도 식후경이다

통역사의 능력에 상관없이 밥을 먹는 동시에 말을 하는 것은 쉽지 않다. 식사자리가 비즈니스의 연속선상에 있다면 통역사는 임무에 충실해야 하므로 가능하다면 다른 자리를 마련하여 먼저 식사하도록 하는 것이 좋다.

– 통역사의 위치 정하기

술자리에서 통역사는 어디에 앉는 것이 좋을까? 통역사가 두 명일 경우에는 각각 한국 측과 중국 측 대표 옆에 앉히는 것이 좋다. 그러나 통역사가 한 사람일 때는 중국 측 대표 옆에 앉도록 배치하는 것이 좋다. 간혹 자리 배치로 문제가 생기기도 하는데, 바로 통역사가 화자와 청자 사이에 앉아 삼각형 소통을 하는 경우다. 이때 발생하는 문제는 화자는 청자를 바라보지 않고 통역사를 보며 말하게 되고, 경험이 많지 않은 통역사의 경우 화자의 말을 자신에 대한 것으로 오해할 수도 있으며, 청자로서는 자신을 보지 않고 말하는 상황이 불쾌할 수 있다. 예를 들어 화자가 "한국에 언제 오셨어요?"라고 통역사를 바라보면서 질문했다면 통역사는 자신에게 묻는지 헷갈릴 수 있다는 것이다. 그러므로 통역사가 청자 옆에 앉으면 두 사람이 한번에 시야에 들어와 서로 눈을 맞추며 소통할 수 있으므로 친교 목적을 달성하는 데 유리해진다.

🍶 건배사 하나쯤은 익혀두기

중국인과 비즈니스를 하기 위한 술자리에서는 분명 건배하는 순간이 올 것이다. 사실 건배는 술자리에서 아주 중요한 순간 중 하나다. 이때 잔만 부딪치기보다 술잔에 마음을 담아 전하곤 하는데, 앞서 살펴본 것처럼 중

아홉 번째 술잔

국어가 능수능란하지 않다면 통역사를 통해 그 뜻을 전할 수밖에 없다. 정식 건배사는 통역사가 하겠지만 간단한 건배사 하나쯤은 알아두는 것이 좋다. 서툴더라도 중국어로 건배를 제의할 수 있다면 크게 호감을 살 것이다. 어쩌면, 서툴수록 더 감동적일 수도 있고, 성공적인 비즈니스의 화룡점정이 될 수도 있다. 중국인과 함께하는 술상에서는 지나치게 멋을 부린 건배사보다 소박하게 마음을 전할 것을 권한다.

– 건배사

한국어로는 "○○을 위하여 건배!"라고 하지만 중국어는 "위하여 + ○○을 + 건배"의 순서이다. 자주 쓰일 수 있는 건배사를 익혀서 술자리를 빛내보자.

> 为了 健康 干杯!   건강을 위하여 건배!
> (웨이러 찌엔캉 깐뻬이!)
>
> 为了 友谊 干杯!   우정을 위하여 건배!
> (웨이러 여우이 깐뻬이!)
>
> 为了 合作 成功 干杯!   사업의 성공을 위하여 건배!
> (웨이러 허쭤 청공 깐뻬이!)

2
새로운 관용표현으로 보는 음주 트렌드

술에 관한 표현은 시대에 따라 변한다. 술과 관련된 오래된 속담은 사람들의 입을 타고 흘러서 주령酒令, 벌주놀이에 등장하기도 하고, 또 시대에 맞는 새로운 표현이 생기기도 한다. 요즘 중국의 음주문화는 어떤 모습일까.

🏺 술자리 인식 변화: "잔을 들어 즐겁게 이야기하다"

"지기知己, 마음을 나눌 진정한 친구를 만나면 천 잔의 술도 모자란다酒逢知己千杯少"라는 말이 있다. 구양수의 시 〈춘일서호기사법조운春日西湖寄謝法曹韻〉에 나오는 구절로 마음이 통하는 친구의 우정을 강조한 표현이다. 지금도 술자리에서 술을 권할 때 자주 사용된다. 이것이 변형된 새로운 표현 두 가지가 있다.

"술 천 잔을 마셔도 지기가 부족하다酒逢千杯知己少."

과거에는 지기를 만나면 천 잔의 술도 부족했으나, 요즘은 천 잔의 술을 마셔도 진정한 친구를 만나기 어렵다. 각자의 이익과 회사를 위해 분주하게 사느라 마음에 맞는 사람과 술을 마실 기회가 점점 줄어든다. 일과 관련된 접대성 술자리는 많아지는데, 진심이 오가지는 않는다. 술은 권력과 돈을 거래하는 흥정거리일 때가 더 많아지고 있다.

"지기를 만나면 천 잔 술도 모자라다酒逢知己千杯少,

그래도 마실 수 있을 정도만 마시고能喝多少喝多少,

마실 수 없으면 재빨리 도망가라喝不了赶緊跑."

시대에 따라 인간관계의 의미도 달라진다. '지기를 만나면 천 잔 술도 모자라다'의 본질은 친구와 서로 마음을 나누는 것이다. "술이 지기를 만나면 천 잔도 모자라죠"라는 말로 술을 권하면 사양하기 힘들다. 그러나 요즘 젊은이들은 더 이상 술을 많이 마시는 것을 상대방에 대한 성의로 여기지 않는다. 굳이 '천 잔 술'이라는 형식에 구애받지 않는다. 친구와 마음이 통하면 된다. 그들에게 술은 인간관계를 맺는 수단 중 하나일 뿐이고, 마음을 나누는 방식은 다양하다. 그러므로 "마음만 있으면 차도 술이 될 수 있다只要心里有, 茶水也當酒." 술은 자기 주량대로 마시면 되고, 술을 마시지 못하는 사람은 차든 커피든 음료수든 잔을 들어 즐겁게 이야기하며 마음을 나누면 된다.

"오전에 일을 해야 하니 아침에는 술을 많이 마시지 말고, 오후에 회의가 있으니 점심에는 취하지 말고, 저녁에는 아내가 찾을 테니 술을 조금만 마셔라早晨別喝多, 上午有工作, 中午別喝醉, 下午要開會, 晚上要喝少, 老婆還得找."

"아내는 당부한다. 밖에서는 술을 적게 마시고, 음식은 많이 먹어라. 음식이 너무 멀어 손이 닿지 않으면 일어나서라도 먹어라出門在外老婆交代, 少喝酒, 多吃菜, 够不着了站起來."

위 두 표현은 '술을 조금만 마셔라'는 의미의 현대식 속담인데 공통으로 '아내'가 등장한다. 아내가 찾을 테니 술을 조금만 마시고, 아내가 당부했으니 술을 조금만 마시고 음식을 많이 먹어야 한다. 일반적으로 일어서서 음식을 집는 것은 식사 예절에 어긋나지만, 그래도 아내의 말이니 따라야 한다. 이렇게 아내의 말을 잘 듣는 공처가를 예전에는 변변치 못한 못난 남자로 여겼지만 지금은 '마음껏 술 마시는 즐거움'보다 '공처가가 되어서 얻는 행복'을 선택하는 트렌드를 읽을 수 있는 재미있는 표현이다.

🍶 술과 비즈니스: "술 없이도 연회가 된다"

"시장경제가 경쟁하니 맛있는 술을 빨리 한 잔 마셔라市場經濟搞競爭, 快將美酒喝一盅."

업무상 연회나 술자리에서 술을 권할 때 사용되는 현대식 속담으로, 치열한 경쟁사회에서 술도 경쟁하듯 빨리 마시라는 의미이다. 중국에서 비즈니스의 핵심은 '꽌시關系'이다. 이 '꽌시'에 비즈니스의 성공 여부가 달려 있다. 중국 사회에서는 사람과 사람 사이의 관계를 일컫는 '꽌시'를 매우 중요하게 생각한다. 이것이 중국의 독특한 술자리문화를 만들었다. 만약 두 사람 사이에 갈등이 생겼다면 술을 한잔해야 한다. "술 석 잔에 만사가 해결되고, 술 석 잔에 천하가 평화롭다"는 말이 있다. 술이 사람과 사람의 감정을 통하게 하고 좋은 관계를 만들어나가는 매개가 된다고 보는 것이다. 중국의 '꽌시'는 원래부터 비즈니스적 이해에서 시작하기 때문에 합리적인 공식적 사업으로 발전하는 것을 바람직하게 생각한다. 그래서 많은 기업이 오랜 기간 형성해온 '꽌시'를 기반으로 사업을 진행하고 교류를 추진한다.

"술잔을 들면 정책이 완화되고, 젓가락을 들면 모든 게 된다酒杯一端, 政策放寬; 筷子一提, 可以可以."

비즈니스 관계에서 술자리가 얼마나 중요한지를 보여주는 표현이다. 그러나 관료주의와 향락주의를 반대하고 반부패를 전면에 내세운 시진핑 정권이 들어선 후 금기어가 되었다. 공무원들은 이제 술대접을 받지 않고, 술을 마시지 않으며, 고급요리를 먹지 못한다.

"술잔을 멈추다息杯停盞."

중국 사람들은 예부터 술자리에서 친구를 사귀고 정을 나누었다. 그들에게 술은 매우 중요한 소통과 교류의 매개였다. 그러나 요즘은 절약을 실천하고 낭비를 근절하자는 정부 방침에 따라 술잔을 멈추고 있다.

"술 없이도 연회가 된다無酒也成席."

'술이 없으면 연회가 되지 않는다無酒不成席'는 전통적 인식이 바뀌어 '술 없이도 연회가 된다'는 말이 유행하면서 비즈니스 접대에도 술 대신 차를 마시는 분위기가 확산되고 있다.

3
중국인의 해장문화

중국에서는 대부분 저녁 식사자리가 그대로 술자리가 된다. 식사가 주가 되고 술은 이를 도와주는 역할을 하므로, 술만 집중하여 마시는 일은 적다. 그리고 자리를 옮겨가며 2차, 3차로 이어지는 술자리 회식문화는 드물다. 기름진 중국 음식에 곁들이는 백주 몇 잔은 취하기보다는 소화를 돕고, 음식과 함께 술을 마시므로 숙취가 덜한 경우가 많다. 하지만 아무리 그래도 백주의 도수는 40~50도이며, 높게는 70도나 되는데, 숙취 해소는 반드시 필요하지 않을까? 중국에도 우리와 같은 해장문화 또는 해장 음식이 있을까?

우리말의 해장解腸은 원래 한자 해정解醒, 즉 숙취의 괴로움을 해소해주는 '술을 깨는' 의미에서 생겨난 말이다. 중국에도 이와 상응하는 성주醒酒, 해주解酒라는 표현이 있다. 성성醒은 '취기, 마취에서 깨어나다'라는 의미

아홉 번째 술잔

이다. 그러므로 해장국이란 표현도 중국에서는 성주탕醒酒湯 또는 해주탕 解酒湯이라 한다. 조선시대의 중국어 학습서 《노걸대老乞大》의 한 대목에 '성주탕을 마신다'는 표현이 있다. 그 재료와 조리법은 정확히 기록되어 있지 않으나, 아침에 일어나 머리를 빗고 세수를 하고 성주탕 혹은 만두, 맹물에 삶은 양고기를 먹는다고 언급했다. 그리고 중국 후한에서 삼국시대사이에 쓰인 본초서 《신농본초경神農本草經》에 해장에 관한 기록이 있는것만 보아도 그 역사가 매우 오래되었음을 알 수 있다. 그렇지만 한국의콩나물해장국, 황태해장국처럼 술 마신 다음 날 중국의 애주가들이 즐겨찾는 특정 해장 음식은 별로 없는 듯하다. 그 대신 다양한 해장 방법이 있는데, 방대한 영토에서 나는 다양한 식자재를 이용하거나 중의학中醫學적지식이 반영된 약초·약재를 이용한다.

중국인의 다양한 해장 방법

오두해정五斗解酲, 숙취로 좋지 않은 기분을 다섯 말의 술로 없애버림

술로 해장을 한다, 즉 해장술을 말한다. 술이 해장에 도움이 된다는 과학적 근거는 없다. 그러나 술을 아주 즐기는 사람이라면, 해장을 핑계로또 술을 마시려 할 것이다. 이런 애주가들을 대변해줄 재치 있고 유명한일화가 있다. 중국 위魏·진晉의 혼란한 정권교체기에 부패한 정치권력에실망하여 죽림에 모여 술과 함께 거문고를 즐기며 청담淸談으로 세월을 보낸 일곱 선비, 즉 죽림칠현竹林七賢 중 한 명인 유령劉伶과 관련한 일화이다. 하루는 유령이 술병이 나서 갈증이 심해지자 부인에게 술을 구해오라했더니, 부인이 술그릇을 깨뜨리며 울며 간청하였다. "당신은 음주가 너무지나쳐요. 이는 섭생의 길이 아니니 반드시 끊으셔야 해요!" 이에 유령은

"좋소. 그렇지만 나는 스스로 술을 끊을 수 없소. 마땅히 신명에게 기도를 올리고 끊겠소. 그러니 속히 술과 고기를 준비하시오." 아내는 하는 수 없이 술과 고기를 준비했고, 유령은 그 앞에 무릎을 꿇고 기도하기를, "하늘이 유령을 태어나게 하실 적에 술로 이름을 나게 하셨으니, 한 번을 마시면 열 말이요, 해장술로 다섯 말이니, 부인의 말은 삼가 듣지 마소서!"라고 말하고, 바로 술과 고기를 먹고 심하게 취해버렸다.

성주탕醒酒湯

중국의 다양한 요리법 중 성주탕, 즉 해장국을 찾아보면 주로 강변의 민물생선, 미꾸라지 또는 얇게 썬 기름기 없는 돼지고기, 양고기 등의 육류와 당근, 죽순, 셀러리 등 다양한 재료로 끓여낸 맑

은 국으로 소개한다. 중국 최초의 백화문白話文으로 쓰인 소설 《수호전水滸傳》에도 해장국을 언급한 부분이 있다. 송강宋江이 이규李逵, 대종戴宗과 함께 비파정琵琶亭이라는 강변에 자리한 술집에서 술을 마시다가 대종에게 "생선이 있느냐?"고 물었고, 대종은 "저 강에 어선들이 가득 늘어선 것이 보이는데, 어찌 생선이 없겠습니까?"라며 고추를 넣은 매운 생선국을 주문했다. 음식이 나오자 송강은 "매운 생선국이 해장에는 제일이지!"라며 매우 흡족해했다.

중의학적 관점의 약재

예부터 술과 해장은 중의학에서 많이 연구된 분야로 술의 특성, 숙취 해소, 술로 인한 병환 치료에 풍부한 지식이 쌓여왔다. 송나라의 유명한 문장가 소식蘇軾의 문집 《소동파집蘇東坡集》에는 헛개나무 열매와 관련한

숙취 치료 일화가 있다. 소식의 고향
지인이 오랜 기간 음주로 소화와 배뇨
에 어려움을 겪으며 긴 치료에도 점점
위중해지자 소식이 그에게 의사 장굉
張肱을 소개하였다. 장굉은 증상을 만
성 알코올중독으로 진단하고 약을 처

헛개나무 열매

방하였는데, 오랜 기간 차도가 없던 증상이 점차 완화되고 치료되어갔다.
이때 장굉이 처방한 숙취 해소의 주요 약재는 바로 헛개나무 열매였다. 이
외에도 단일 약재 처방으로 유명한 것은 칡의 뿌리갈근와 칡의 꽃갈화 그리
고 귤의 껍질진피이 있다. 중국 원元나라 황실의 태의 홀사혜忽思慧의 저서
《음선정요飮膳正要》에 숙취 해소에 좋은 것으로 진피와 갈화, 녹두꽃과 함
께 끓인 '귤피성주탕橘皮醒酒湯'이 소개되어 있다.

중의학적 관점의 식품

약 못지않게 음식을 중요시하는 중의학에서는 각종 식자재를 사용한 식
이요법이 많다. 대표적 여름 과일 수박은 《음선정요》에서 '갈증을 없애고
가슴의 답답함과 술독을 없앤다'고 하였다. 이시진의 《본초강목》에도 수박
은 '체내에 수분을 공급해 갈증을 멎게 하고, 이뇨작용이 뛰어나 신장염
과 숙취를 없애는 좋은 식품'이라고 기록되어 있다. 수박의 과즙 속에 숙
취 해소에 도움이 되는 비타민 A·B·C와 미네랄, 포도당이 풍부하기 때문
이다. 《본초강목》에 수박 외에도 같은 작용을 하는 식품으로 사탕수수, 녹
두 등이 소개되어 있다. 사탕수수는 단맛이 강하고 열을 내리게 하여 체
내 수분 공급을 원활하게 하며, 녹두죽은 열독을 내리고 가슴이 답답하
여 목이 타는 증상을 없앤다고 기록되어 있는데, 이는 음주 후 구토를 하
거나 가슴이 답답한 증상 해소에 매우 효과적이다.

중국에서 가장 흔하게 접하는 채소 청경채는
의학서《명의별록名醫別錄》에 위와 장을 시원하
게 뚫어주고, 답답함을 없애며, 음주 후 갈증을
제거한다고 기록되어 있다. 청경채는 섬유소, 미
네랄, 칼륨, 비타민 등을 함유해 모세혈관을 강화하는 데도 효능이 있다.
중국에서는 대부분 채소를 생으로 먹기보다는 데치거나 볶아 먹는데, 이
런 채소들도 연하게 끓여 차처럼 마시거나 죽으로 활용했다.

중의학적·식용외적 요법

침구鍼灸와 지압을 활용한 방법도 있다. 숙취자의 건강 상황에 맞게 혈
자리를 찾아 침을 놓는 것도 빠른 시간 안에 숙취를 해소하는 데 도움이
된다. 침구경혈학鍼灸經穴學에서 말하는 백회혈百會穴, 정수리의 혈자리 주변을
문지르거나 꾹 눌러주는 방법은 일상에서 간단히 활용할 수 있다. 기공氣
功을 이용한 방법도 있다. 적당한 운동으로 땀을 배출하는 것은 숙취로 저
하된 체력을 회복하고 맑은 정신을 다시 찾는 데 도움이 된다. 그러나 숙
취 상태에서 격렬한 운동은 하기 어렵다. 중국 전통 무예의 하나인 태극권
太極拳은 몸과 마음을 일치시키기 위해 천천히 동작할 것을 강조한다. 보
기에는 매우 정적이지만 수련을 마치고 나면 온몸에 땀이 흐르는 것을 느
낄 수 있다. 태극권 이외에도 단전호흡, 수련 등 평소 기공운동을 하던 사
람이라면 30분 정도 수련은 숙취 해소에 도움을 준다.

숙취 해소제

전통적인 약재의 효능에 현대적인 처방과 생산 가공을 더한 것으로 음
료수나 알약 형태의 제품이 있다. 우리나라의 유명 숙취 해소 음료 '컨디
션'과 같은 음료로는 '성주구복액醒酒口腹液'이 있고, 알약 형태의 제품은

아홉 번째 출판

'간을 편안하게 한다'는 의미의 '호간편護肝片' 등의 이름으로 많이 출시되어 있다. 이들은 대부분 헛개나무 열매, 오미자, 숙사인 등을 주재료로 한다. 편의점과 약국에서 쉽게 구할 수 있고, 가격도 비교적 저렴하여 수요가 꾸준히 증가하고 있다. 최근 보건의약업체는 숙취 해소에 좋은 신제품 개발에 더욱더 힘쓰고 있다.

🫖 한국인에게 추천하는 중국 해장 음식

여행 또는 출장으로 중국을 방문하여 술을 마셨다면, 게다가 흥과 분위기에 취해 과음했다면 어떤 음식을 먹는 게 좋을까? 해장에 도움이 되는 음식 중 호텔 조식으로나 아침 출근길, 점심식사 시간 등 주변에서 흔히 먹을 수 있는 음식 몇 가지를 알아보자.[1]

생선탕魚湯

단백질과 아미노산이 풍부한 생선을 이용하여 담백하게 끓인 탕은 노약자는 물론 숙취 해소를 원하는 사람들이 자주 찾는 음식이다. 중국인은 지역에 따라 선호하는 양념과 재료를 추가해서 먹기도 한다. 매운 것을 좋아하는 쓰촨 사람들은 '마라麻辣'의 맛을 내는 향신료와 작고 매운 중국 고추를 넣어 매콤하고 얼얼한 맛을 즐긴다. 마라의 맛은 입술이

---

1 중국 동포 140여 명과 중국 출장이 잦은 한국인 30여 명을 대상으로 설문조사한 결과이다.

얼얼하도록 매운데 이는 화쟈오花椒라는 환약
모양의 산초나무 열매 때문이다. 이 열매를 씹
으면, 우리나라 청양고추와는 다른 화끈한 매
운맛을 느낄 수 있다. 배추를 소금물에 절인
쑤안차이酸菜는 우리나라의 백김치와 비슷한
중국의 대표적 저장식품이다. 쑤안차이와 생
선 그리고 채소를 약간 곁들여 끓여낸 쑤안차
이위탕酸菜魚湯은 담백한 맛이 일품이다.

훠궈火鍋 중국식 샤부샤부

훠궈는 각종 신선한 재료를 끓는 탕에 넣어 살짝 익혀 먹는 중국의 전통
요리로 지방마다 탕과 익혀 먹는 재료가 조금씩 다르다. 일반적으로 큰 대
야처럼 생긴 커다란 냄비에 둥근 태극 모양으로 한가운데를 나눠 한쪽엔
하얀 국물의 백탕, 다른 한쪽엔 빨간 국물의 홍탕을 넣고 우린다. 백탕은
닭뼈, 돼지사골 등으로 우려낸 육수에 각종 약재를 넣고 끓여 담백한 맛
이 나고, 홍탕은 육수에 작고 매운 고추, 후추, 고추기름, 얼얼한 맛을 내
는 화쟈오를 넣고 끓여 매운맛이 난다. 육수가 끓으면 고기주로 소고기, 양고

기, 채소시금치, 배추, 팽이버섯, 감
자 등, 두부, 어묵, 국수 등을
넣어 살짝 익혀 먹는다. 두 가
지 국물의 맛에 각자 입맛에
맞는 재료를 골라 넣을 수 있
어 중국의 가장 대중적인 외
식 음식이다.

시홍스차오지단 西紅柿炒鷄蛋 토마토달걀볶음

맛도 영양도 뛰어난 음식이지만 무엇보다 만들기가 간편하여 중국의 가장 대중적인 가정식이다. 또 호텔 조식메뉴에서도 거의 빠지지 않아 가장 쉽게 만날 수 있는 숙취 해소 음식이다. 조리법은 프라이팬에 기름을 약간 두르고 달걀물을 스크램블 만들 듯이 익히다 토마토를 넣어 살짝 볶아내면 끝이다. 달걀과 토마토는 대표적인 숙취 해소 재료로 토마토의 풍부한 비타민과 아미노산, 식이섬유가 숙취 해소에 효과적이다.

훈툰 餛飩 만둣국

훈툰은 밀가루로 얇게 빚은 만두피에 돼지고기 또는 새우, 채소 등을 섞은 속을 넣어 만들며, 크기는 만두보다 작다. 소·돼지뼈나 닭고기로 만든 국물에 훈툰을 넣고 끓여 먹는 전통음식으로 요즘에는 아침식사로 많이 먹는 대중음식이다. 우리의 만둣국과 흡사하며 맑고 담백한 국물이 숙취 해소에 도움을 준다. 중국에는 길거리에서 아침을 해결하는 직장인과 학생들이 많은데, 노점상이든 매장이든 아침식사를 취급하는 곳에서 빠지지 않는 메뉴로 출근길에 간단히 먹을 수 있는 대표적 해장음식이다.

피단셔우러우저우 皮蛋瘦肉粥 오리알돼지고기죽

오리알을 석회와 소금을 넣은 황토에 봉인해 삭힌 것을 피단皮蛋이라고 한다. 검고 투명한 색을 띠며 그냥 요리로도 먹지만 죽에 넣는 고명으로도 이용한다. 돼지고기오리알죽은 기름기가 없는 돼지고기를 다져서 볶은 것과 피단을 쌀과 함께 끓인 것으로 광둥 지역, 특히 홍콩에서 인기 있는 음식이다.

샤오미저우 小米粥 좁쌀죽

좁쌀은 중국 북방 지역의 주식 중 하나이다. 좁쌀을 넣고 약한 불에 푹 끓인 죽은 위를 보호하고, 소화가 잘되어 술 마신 다음 날 자주 찾는 아침 식사 중 하나이다. 좁쌀에서 얻기 힘든 미네랄을 보충하기 위해 콩류, 버섯, 호박 등의 채소를 곁들여 끓이기도 한다.

오리알돼지고기죽   좁쌀죽

아홉 번째 출간

알아두면 쓸데 있는 상식

■ 중국인에게 인기 있는 한국 숙취 해소제

　최근 우리나라의 연예·오락 프로그램이 중국에서 인기를 끌면서 프로그램에 노출된 생활용품과 먹거리도 자연스럽게 중국에 알려졌다. 그중 중국과 사뭇 다른 한국의 회식문화와 친목모임에서의 음주문화가 중국인의 호기심을 사면서 한국의 숙취 해소제에도 관심이 모아졌는데, 중국인에게 특히 인기 있는 숙취 해소제는 노란색 포장에 젤리 제형인 '레디큐-츄'이다.

　이 제품은 귀여운 외형 포장에 저렴한 가격으로 간편하게 먹을 수 있어 중국 여성 관광객들이 많이 구매하며, 직장 동료나 친구들에게 줄 선물용으로도 인기가 높다. 외국인이 많이 찾는 관광지 주변 상점에서 대량으로 판매한다.

　이밖에 배를 갈아 넣은 과일음료도 인기 해장 음료 중 하나이며 인삼, 구기자, 헛개나무 열매 등을 원료로 한 비교적 고가 제품은 간 보호를 주요 효능으로 내세워 호간원護肝元, 호간보護肝寶, 호간단護肝丹 등의 상품명으로 판매되고 있다.

레디큐 제품

호간보

집필진이 추천하는 중국술

겸허한 마음가짐으로 "샤오후투시엔小糊塗仙"

- 정윤철

처음 강단에 섰을 때였다. 어떻게 하면 멋지게 첫 강의를 할까, 전날 밤부터 이리저리 궁리했다. 나름의 치밀한 전략전술을 준비해서 강단에 섰다. 60여 개의 눈동자를 마주하자 심장이 고장 나 버렸다. 술 취한 사람처럼 횡설수설하다 무기력하게 그렇게 첫 강의를 떠나보내고 있었다. 강의 막바지에 한 여학생이 손을 들었다. 그 여학생은 송곳 같은 질문으로 전의를 상실한 나에게 카운터 펀치를 날렸다. 어떻게든 내 첫 강의를 아름답게 마무리해야 했다. 번뜩이는 기지를 발휘해 나름대로 멋지게 답변했다. 그 여학생이 웃었다. 이제 됐다. 하지만, 그러지 말았어야 했다. 집에 돌아와 혹시나 해서 자료를 찾아보았더니, A와 B를 바꾸어서 설명했다. 공자孔子께서 일갈을 하신다.

> 知之为知之지지위지지,
> 아는 것을 안다고 하고,
> 不知为不知부지위부지,
> 모르는 것을 모른다고 하는 것,
> 是知也시지야。
> 이것이 진정으로 아는 것이다.

그날 술을 제법 많이 마셨다. 이와 비슷한 깨달음을 얻었던 두 번째 순간이 바로 내가 샤오후투시엔을 처음 만났을 때이다. 마치 공자께서 술로 훈계하는 느낌이었다. 가끔 자만과 허영의 거품이 인생에 끼었을 때, 한 잔 드셔보시라. 몸은 취하나 정신은 번쩍 깨일지니.

애주가라면 "루저우라오쟈오 瀘州老窖"

- 임대근

쓰촨성에 있는 작은 도시 루저우에서 만들지만, 전국적으로 이름을 얻었다. 술로 인해 도시의 이름이 더 유명해질 정도다. 이곳 양조의 역사는 한나라 때까지 거슬러 올라간다. 송나라 때는 양조장의 세금이 왕조 전체 수입의 10%나 됐다고 전한다. 명나라 때 서취원舒聚源이라는 양조장에서 20년 묵은 술을 굴에 묻어두었다 꺼낸 뒤 유명해지기 시작했다. 이렇게 역사가 깊은 굴속에서 만드는 술이라는 뜻으로 '루저우의 오랜老 굴窖'이라는 이름을 얻게 됐다. 목 넘김이 좋은 향과 깔끔한 맛으로 한국의 애주가라면 반드시 반하는 술이다.

욕망의 술 "우량예 五粮液"와 상하이 황주 "스쿠먼 石庫門"

- 최창익

평소 맛이 깔끔한 농향형 백주를 좋아하는 편이라 10년의 중국생활에서 마신 술의 기호는 얼궈토우주二鍋斗酒에서 시작해 징주京酒를 거쳤다가 우량예에서 정점을 찍었다. 아직도 가끔 떠올리는 우량예와 관련한 쌉싸래한 기억이

하나 있는데, 1995년 상하이에서 연수를 받던 때의 일이다. 초청받아 간 어느 저녁식사자리에 고급 우량예가 있는 것이 아닌가? 평소 마시기 힘든 우량예를 영접하고는 계속 동료들과 "깐뻬이!"를 외치며 쉴 새 없이 들이켠 듯싶다. 결국 고급 요리에는 젓가락 한번 대지 못하고 인사불성이 되고 말았다. 그 후 수개월은 백주 냄새만 맡아도 질겁하게 되었지만 우량예에 질려본 것도 내게는 훈장 같은 자랑거리다.

또 가을이 되면 어김없이 떠오르는 음식과 술이 있는데, 상하이에 갈 때마다 찾는 상하이 게 요리와 여기에 곁들여 마시는 황주다. 상하이 게 요리는 높은 가격을 받는 만큼 마디마디 게살을 발라 먹는 동안은 그 떠들썩한 중국 친구들도 말 한마디 없이 조용해진다. 이때 꼭 주문하는 술이 바로 상하이에서 생산하는 황주 '스쿠먼'이다. 저장성 명주 뉘얼홍女兒紅도 좋지만, 상하이 친구들은 스쿠먼이 으뜸이라며 그 자부심이 대단하다. 따뜻하게 마셔도 좋지만 차게 마셔도 좋은 맛을 음미할 수 있으며, 기름지지 않은 상하이요리에 아주 잘 어울려서 과음하게 하는 술이다.

추억의 한잔 "징주京酒"

- 임춘영

구이주鬼酒, 수이징팡水井坊, 샤오후투시엔小糊塗仙, 옌타이까오량주煙臺古釀酒 등은 모임이나 만남에서 내가 자주 마시는 중국술이다. 하지만 가장 추천하고 싶은 중국술은 바로 징주京酒다. 1999년 논문자료 수집 차 방문한 베이징에서 숨 가쁜 며칠을 보낸 후, 대학원 시절 학구열을 함께 불태웠던 친구·후배와의 만나게 되었다. 추억담을 나누고 현재를 격려하며 장래를 축원하는 소중한 자리였다. 그때 각 식사자리에서 곁들인 술이 공교롭게도 모두 징주였고, 그것은 내가 처음 마신 중국술이었다.

목 넘김이 부드럽고 향기로운데, 깔끔한 맛을 느낄 찰나 가슴이 확 뜨거워져서 중국술의 진면목을 체감할 수 있었다. 그때는 알지 못했지만 징주는 도수와 가격을 낮춘 일명 '보급형 우량예'로 베이징에서 막 출시되어 한참 유행하고 있었다. 여기저기 자주 등장하기에 좋은 술인 줄 알고 귀국할 때 일부러 구매했고, 아끼는 후배의 결혼 축하 선물로 주었다. 정말 좋은 중국 술이라는 내 말에 후배는 그 술을 몇 년간이나 고이 모셔뒀다고 한다. 세월이 지나 다양한 중국술을 마시게 되면서 예전만큼 징주를 찾게 되지는 않지만, 그래도 내 기억에서 가장 밝은 빛을 발하는 중국술은 여전히 징주다.

중국 국민 맥주 "쉐화雪花"

- 김민영

중국에서 유학하던 시절 쉐화맥주는 한눈에 알아보기 쉬운 한자 이름, 저렴한 가격, 맛이 순하고 깔끔하며 가벼운 타입의 맥주라 자주 마셨던 술이다. 한국에서는 "양꼬치 앤 칭따오!"라는 광고 문구와 함께 '칭따오'맥주가 중국 맥주를 대표하지만, 실제로 중국에서는 쉐화가 현지인들이 가장 많이 마시는 판매량 1위 국민 맥주이다. 안타깝게도 국내시장에서는 쉐화맥주를 찾기 어려운데, 한국 화장품 브랜드와 이름이 비슷해 상표권 문제로 수입이 쉽지 않다고 한다. 그래도 혹 기회가 된다면 쉐화맥주를 꼭 마셔보길 추천한다. 한국에서는 마시고 싶어도 마실 수 없으니 말이다.

대만 명주 "진먼까오량주金門高粱酒"

- 정혜진

첫 직장에서 해외영업을 담당하여 중국, 대만 바이어들과 술자리를 자주 했다. 중국의 비즈니스 분위기는 여성에게 술을 강권하거나 참석자 모두가 술을 마셔야 하는 것은 아니다. 그렇지만 내 영업 실적과 분위기를 위하여 술을 조금 하는 것이 낫겠다 싶어 도수 높은 술을 겁 없이 들이켜곤 했다. 한번은 여느 때처럼 빼지 않고 술잔을 들자 대만 에이전트 관계자가 요즘 젊은 여성들이 잘 마시는 방법이라며 즉석에서 술 한 잔을 제조해주었다. 대만 출장에서 항상 마시던 진먼까오량주에 얼음 몇 개와 레몬 한 조각을 넣어 마시는 간단한 방법이었지만 맛과 향이 한결 부드럽게 느껴졌고 한 잔으로 여러 번 건배할 수 있었다. 맛도 좋았지만 술자리의 부담도 많이 줄어들어 이후 자주 이렇게 마셨다. 젊은 사람들이 가는 BAR에서 다양한 재료와 백주를 이용한 음용법도 있지만, 이렇게 간단하게 부담 없이 얼음에 희석해 레몬을 곁들여 마시는 방법도 추천한다.

어떤 황홀함 "얼궈토우주二鍋斗酒"

- 오현주

"이과두주가 무슨 뜻인지 알아? 이과두주는 마시면 머리가 둘로 보이는 술이라는 뜻이야. 한번 맛보면 황홀할 거야."

이과두주에 대해 누군가 말했던 격찬을 듣고 아주 오랫동안 그 술 이름을 기억하고 있었다. 나중에 베이징에서 유학생으로 공부하던 어느 날, 친구들과 모인 자리에서 이 술과 마주하게 되었다. 이과두주, 중국어로 발음하면 얼궈토우주이다. 객기 어린 마음에 얼궈토우주를 원샷할 수 있다고 큰소리쳤다. 그날따라 술과의 승부심이 생겨서 정말로 60도짜리 그 술을 다 마셔버렸다. 그다음은 어떻게 되었을까. 머리가 둘로 보이는 것이 아니라 아무것도 보이지 않았다. 눈을 떠보니 세숫대야를 껴안고 있었다. 사실 얼궈토우는 '두 번 솥에서 걸렀다'는 뜻으로, 두 번 증류한 술을 의미한다. 지금도 가끔 초록색 네모난 얼궈토우주 병을 보면 머리가 둘로 보인다는 그럴싸한 해석과 그날의 쓰리고도 황홀했던 기억이 떠오른다.

아홉 잔의 중국술 이야기

초판인쇄	2020년 8월 1일
초판발행	2020년 8월 20일
저자	김민영, 김아영, 박경송, 오현주, 임대근, 임춘영, 임효섭, 정윤철, 정혜진, 최창익
책임 편집	가석빈, 최미진, 高霞
펴낸이	엄태상
디자인	박경미
조판	이서영
콘텐츠 제작	김선웅, 전진우, 김담이
마케팅	이승욱, 왕성석, 노원준
전략홍보	전한나, 정지혜, 조인선, 조성민
경영기획	마정인, 최성훈, 정다운, 김다미, 전태준, 오희연
물류	정종진, 윤덕현, 양희은, 신승진
펴낸곳	시사중국어사(시사북스)
주소	서울시 종로구 자하문로 300 시사빌딩
주문 및 교재 문의	1588-1582
팩스	0502-989-9592
홈페이지	http://www.sisabooks.com
이메일	book_chinese@sisadream.com
등록일자	1988년 2월 13일
등록번호	제1 - 657호

ISBN 979-11-5720-177-8 03910